우리말로 엮은

달마보전(達摩寶傳)

오 진 자(悟眞子) **원지과(苑至果)** 보술(補述)
소진거사(小眞居士) **김재호(金在昊)** 편역(編譯)

圖書
出版 **Baikaltai House**

머리말
〈한국어판을 내면서〉

1996년도 저물어가던 마지막 날
도문공과경(道門功課經)을 인연(因緣)으로
옛적 중원(中原)의
묘적선사(妙寂禪師)
우각(愚覺) 스님을
몇천년을 사이에 두고
초라한 사무실에서 그렇게 다시 만났다

낙양(洛陽)에서
만리역정(萬里歷程)을 엮던 사람이
복건성(福建省)
선하관(仙霞關)을 지나
백운관(白雲關)을 넘나 들던
스님을 만나
달마보전(達摩寶傳)을 번역하였다

오호(嗚呼)라 애섧구나
좋은 인연 이별 쉽고
나쁜 인연 끝없이 반복되는도다.

달마조사(達摩祖師)는 불교(佛敎)에서뿐만이 아니라 도문(道門)에서도 총감천존(總監天尊) 대라소조(大羅蘇祖)로 추앙(推仰)되고 있는 진인(眞人)이시다.

석가모니불(釋迦牟尼佛)께서 가섭(迦葉)에게 부촉(咐囑)하셨던 "정법안장(正法眼藏)·열반묘심(涅槃妙心)·불립문자(不立文字)·교외별전(敎外別傳)"의 일지선(一指禪)을 중국에 전하므로 만교(萬敎)가 화합(和合)을 이루게 하여 수도인들에게 일월(日月)과 같은 광명의 지침을 세워주셨다.

혜가(慧可)가 달마조사(達摩祖師)를 찾아 배알(拜謁)했을 때, 좌방(左旁·左道旁門)을 버리라는 말을 잘못 알아듣고, 좌방(左膀·왼팔)을 계도(戒刀)로 쳐 끊어 버리면서까지 구(求)하려했던, 석가모니불(釋迦牟尼佛)로부터 끊어지지 않고 이어져 내려온 달마(達摩)의 전법묘체(傳法妙諦)는 도대체 무엇이었을까?

권말(卷末)에 부록으로 도문(道門)에서 전하는 현관(玄關)과 오교성리심법(五敎性理心法)·오교합일론(五敎合一論)·삼교합일(三敎合一)의 원리(原理)를 간추려 실어 달마보전(達摩寶傳)에서 혜가(慧可)에게 전법(傳法)된 만교 합일(萬敎合一)의 원리(原理)를 뒷바침하였으니 참고하기 바란다.

달마조사(達摩祖師)의 현관일지(玄關一指)는 곧바로 해탈(解脫)이며 열반(涅槃)이며 정각(正覺)이며 무극(無極)으로의 귀환(歸還)이다.

백천만(百千萬)의 물줄기가 모두 바다로 흘러들 듯이 이 세상 만만법(萬萬法)은 모두가 일지(一指)로 돌아가고 만만교(萬萬敎)는 모두가 꿰뚫려서 일관(一貫)되도다.

　달마서래일자무(達摩西來一字無)와 불립문자(不立文字)의 본체(本體)를 억지로 나마 들춰내보면 일원(一圓)이 나타나고 일점(一點)의 묘유(妙有)가 있어 진공(眞空)이 되고 일수(一數)가 천천만만수(千千萬萬數)의 시동(始動)이 됨을 알 수 있다.

　사람 몸이 비록 허망(虛妄)한 것이라고는 하지만 닦는다면 대도(大道)도 성취할 수 있으므로 사람의 한 몸이란 아주 보귀한 존재가 되는 것이다. 죽음에 당해서는 모든 것을 다 놓고 떠나게 된다.
　사랑하는 사람이나 미운 사람이나 재물과 명예도 다 버리고 떠나게 된다.
　평생을 집착하며 한결같이 정(情)을 쏟던 모든 것에서 떠나간다.
　미리 이별을 배우고 망각을 배우고 무상(無常)을 터득하며 흔적을 남기지 않는 행로(行路)를 정하라.

만물(萬物)은
청정(淸靜)을 본(本)으로 삼는다.
소중한 이 한권의 책을 만난 것이 인연이 되어
청정하고 맑은 계율(戒律)을
앞세우고 깨끗한 몸과 한결같은 마음으로 정진(精進) 하게
되었다면

그 깨끗한 정열(情熱)이
적멸(寂滅)과 합하여져 생멸(生滅)을 멸(滅)하게 되고
무극(無極)에 재빠른 걸음으로 복귀(復歸)할 수 있으리라.
비밀장(秘密藏)을 아낌없이 드러낸
달마노조(達摩老祖)의 신통력 막힌데 없이 사무치고
석가(釋迦)가 전해준 교외별전(敎外別傳) 천하가 다 듣도록
공개하다.

1997 │ 정축(丁丑) 이른 봄날
소진거사(小眞居士)
謹書

달마보전서(達摩寶傳敍)
<달마보전(達摩寶傳)을 서술(敍述)한다>

　달마보전(達摩寶傳)은 불가(佛家)에서 남긴 글로서, 거침없이 통한다 일컬을 만하고 광범하다 칭할만하여, 도(道)에서 덕(德)에 이르기까지 모두 다 포괄하니, 삼교(三敎)의 정리(正理)밖에 있지 않고 이단사설(異端邪說)과 술(術)·류(流)·동(動)·정(靜) 사과방문(四果旁門)까지도 모두 호미로 뽑아 없애버리니, 이것이 바로 곧 성(性)을 닦고 명(命)을 마치는 지극한 도(道)가 될 것이다.

　지극한 곳에 정(情)이 있어 씨를 뿌리는 것을 반본환원(返本還元)의 진경(眞經)이라 한다. 순행(順行)하면 죽고, 역행(逆行)하면 산다는 도리(道理)는 아주 정확한 말이다.

　서천 서역국(西域國) 이십팔대(二十八代) 보리존자(菩提尊者)께서 천명(天命)을 쫓아, 이에 동림(東林) 제일대(第一代) 달마조(達摩祖)가 되시어, 도(道)를 뿌리에 접속(接續)시켜주셨다.

　입으로만 전수(傳授)하는 심법(心法)은 경(經)이나 논의(論義) 문자(文字)에 있지 않고, 성(性)을 깨치고 신(神)을 통달하는 것도 모양이나 몸밖에서 찾지말라. 삼귀(三歸)와 오계(五戒)는 수도(修道)의 자루를 꽉잡는 것이요, 삼화(三花)와 오기(五氣)는 수원(收圓)된 처소(處所)에 머물 수 있는 증빙(證憑)이 된다.

　처음에 양무제(梁武帝)를 제도(濟渡)하려 했는데 그가 알아보지 못한 것은, 전생에 지은 죄얼(罪孽)이 아직 남아 있었기 때문이다.

다음으로 신광(神光)을 지점(指點)하여 크게 깨치게 하니, 다행히 그는 무극등(無極燈) 등불이 꺼지지 않게 이어줄 수 있는 사람이 되었다.

양연지(楊胭脂)에게 게송(偈頌)을 준 것은, 감괘(坎卦)의 양(陽)을 낚고 이괘(離卦)로서 음(陰)을 도인(導引)삼아, 종횡(宗橫·처음 도교를 신봉했으나 달마의 교화로 불교에 귀의하였음)을 바르게 고쳐 거두고 후학(後學)들을 제도하려고 모두 스승께서 억지로 지어낸 것으로, 신발을 묻고 강(江)을 건너고 신전(神殿)을 세우는 등 갑자기 일어난 이 모든 사건(事件)들은 본래 조사(祖師)께서 신통(神通)하신 감응(感應)을 나타내신 것인데, 욕(辱)을 당하고, 상한 이빨을 머금고, 스승으로 섬기며, 몇 번이고 참고 견딘 것은 후세 사람들이 이를 본받아 마음을 낮추고 사람들을 감화시키도록 비유하신 것이다.

설령, 사람을 제도하는 데 밝지 못한 스승이거나 도(道)를 찾아 배울 줄 모르는 사람일지라도 이것을 견문(見聞) 삼는다면, 영감(靈感)과 영민(英敏)한 성품(性品)이 생기게 되어 도(道)를 전하는데 참된 묘용(妙用)이 될 것이고, 도(道)를 구(求)하는데 진실로 훌륭한 지침(指針)이 될 것이다.

바라건대, 이 글을 읽고 몸소 힘써 행하라. 말씀 한 구절 한 구절마다 마음 황무지의 거친 풀을 베어주고, 말씀 한 마디 한 마디마다 천하의 잘못된 길을 깨우쳐주리니, 언사(言辭)를 짐작하여 미혹(迷惑)과 망상(妄想)을 밀어 헤치고 도(道)를 구(求)하여 깨쳐, 죽음과 태어남을 꿰뚫어 한 점 티끌도 없이하고 때(垢)도 없이하여 공(功)이 원만해지면 때(時)가 이르른 것을 미리 알게 되고, 도(道)가 높아지고 덕(德)이 쌓여 과(果)가 가득차 스스로 추

수기(秋收期)가 임박(臨迫)한 것을 깨닫게 될 것이다.

실로, 이 달마보전(達摩寶傳)은 구명(救命)하는 선단(仙丹)이며 세상을 건지는 함정(艦艇)으로, 세상을 붙들어주는 진정(眞正)한 도서(道書)인데도 좋은 인쇄술(印刷術)이 없으니 애석하도다.

나는 본시 어리석고 막혀 견문(見聞)이 모자란 사람으로서, 처음 섬서성(陝西省)을 넘을 때, 비로소 상책(上冊) 잔편(殘篇)을 얻고, 계속해서 운남성(雲南省)에 떠돌 때, 다시 하권(下卷)의 간문(簡文)을 얻었는데, 감당키 어려우나 나의 얕은 뜻대로 탈자(脫字)나 오자(誤字)를 보충하고 개정(改正)하여, 한곳에 모아 일부(一部)를 간행하였다. 아무쪼록 이 달마보전(達摩寶傳)을 인연으로 다같이 도(道)의 피안에 올라, 잘못된 길을 벗어난다면, 다행이겠다.

갑인년(甲寅年) 여름, 오진자(悟眞子) 퇴성소(退省所·참회도량)에서 이 글을 쓰다.

기심인래력(記心印來歷)
<심인(心印)의 내력(來歷)을 적는다>

  생각해보건대, 성(性)은 뿌리이며 명(命)은 그 줄기이다.
  도(道)에는 체(體)와 용(用)이 있고, 나무에는 뿌리가 있으며 물 또한 근원이 있듯이 도(道)에도 유래(由來)가 있어서 무극(無極)이 태극(太極)을 낳고, 노군(老君)이 석가(釋迦)로 화신을 나타내 선천대도(先天大道)의 내력이 되었다.
  달마(達摩)를 서천(西天) 이십팔대(二十八代) 조사(祖師)라 하는 것은 석가모니불(釋迦牟尼佛)로부터 하나의 맥(脈)이 이어 내려져 세세로 그 계통을 이어받고 대대로 그 실마리가 책임져 끊어지지않게 내려 온 것을 이르는 것이다.
  석가모니불(釋迦牟尼佛)은 서역(西域) 천축국(天竺國)에서 태어나셨는데, 아버지는 정반왕(淨飯王)이시고 어머니는 마야부인(摩耶夫人)이시다. 천성(天性)이 자선(慈善)하심에, 노군(老君)께서 사랑스럽게 보시고 성(性)을 나누어 빛을 놓으시니, 마야부인(摩耶夫人)이 그 빛을 보고 감응(感應), 잉태(孕胎)하여 이십이년(二十二年)간을 품고 계시다가 주 소왕(周昭王) 이십사년 (二十四年) 사월(四月) 초 팔일(初八日) 오시(午時)에 태자를 낳으셨는데, 성(姓)은 찰리(刹利), 이름은 싯달타(悉達多)라 하였다.
  태자(太子)는 어려서부터 큰 위덕(威德)이 있었고 오로지 청정(淸淨)함에만 힘썼는데, 네문(四門)을 노니시다가 생(生)·노(老)·병(病)·사(死)의 고통(苦痛)이 간절함을 보시고 깨달음을 얻어, 부모의 반대에도 무릅쓰고 출가(出家) 수도(修道)를 결심하였다.

지성(至誠)에 신인(神人)의 지시로 성(城)을 뛰어넘어 나가니, 그때 나이 열아홉 살이었다.

단지산(檀持山)에 거하면서 삼년을 수도하였으나 마음에 형상이 있는 것은 도(道)가 아님을 알고, 드디어 아람가섭(阿藍迦葉)에게서 삼년을 배웠으나 정정(定靜)을 얻지 못하고, 다시 울두람(蔚頭藍)에게 가서 일년을 배웠으나 또한 그 성종(性宗)을 밝히지 못하였다.

그리하여 스스로 상심하며 탄식하고 있었는데, 연등고불(燃燈古佛)이라 하는 도인(道人)이 대단히 도(道)가 높다는 소리를 듣고 주목왕(周穆王) 이십일년(二十一年) 한 여름 동량산(東梁山)을 찾아가 연등도인(燃燈道人)을 배알(拜謁)하고, 연등도인(燃燈道人)의 십삼일(十三日) 설법을 듣고는 그 즉시 활연관통하여 비로소 만법이 하나로 돌아가는 지선(至善)의 도(道)를 깨닫게 되었다.

연등(燃燈)을 작별하고, 등사(滕泗)이수(二水)를 지나 설산(雪山)에서 하룻 밤을 머무를 때,

이구산(尼丘山)에 영기(靈氣)가 어리는 것을 꿰뚫어보시니, 중국(中國)에 공자(孔子)의 화려한 문장(文章)이 기운차게 일어날 것을 아시고 드디어 서방(西方)으로 돌아가 교(敎)를 일으켜 스스로 호(號)를 석가모니(釋迦牟尼)라 하고, 비로소 사위국(舍衛國)에 이르러 크게 법문을 열어 경(經)을 드러내고 법(法)을 설(說)하여 많은 중생(衆生)들을 깨닫게 하시니, 모두들 이분을 부처님이라 부르게 되었다.

도(道)를 천양(闡揚)하고 법(法)을 설(說)하신지 삼십일년(三

十一年)에 법(法)을 부촉(付囑)하심에,

  一祖   摩詞迦葉尊者姓婆羅門。孝帝五年持僧衣入雲南雞足山開道

          일조(一祖)는 마하가섭존자(摩訶迦葉尊者)로서 파라문(婆羅門)이었다. 효제(孝帝) 오년(五年)에 가사를 가지고 운남(雲南) 계족산(鷄足山)에 들어가 도장(道場)을 열었다.

  二祖   佛從弟阿難尊者。

  三祖   商那和修尊者。姓毘舍多於周昭王六年生宣王二十二年化

  四祖   優波鞠多尊者。姓首陀年七十出家平王十一年逝

  五祖   提多迦尊者。

  六祖   彌遮迦尊者。

  七祖   婆須密尊者。

  八祖   佛陀難提尊者。姓瞿曇景帝十三年寂

  九祖   伏駄密多十三年寂。

  十祖   脇尊者。多難生處昭六年寂

十一祖　富那夜奢尊者。

十二祖　馬鳴大士。

十三祖　迦毗摩羅尊者。行四王千法度龍眾五百　王四十一年化

十四祖　龍樹尊者。至南印度

十五祖　迦那提婆尊者。始皇三十五年寂

十六祖　羅睺羅多尊者。漢武二十八年寂

十七祖　僧伽難提尊者。羅筏成國王太子生而能言七歲出燕寂

十八祖　伽耶舍那多尊者。

十九祖　鳩摩羅多尊者。月氏婆羅門子

二十祖　闍夜多尊者。新峯十四年寂

二十一祖　婆修盤頭尊者。

二十二祖　摩拏羅尊者。

二十三祖　鶴勒那尊者。姓婆羅化中印工說法

二十四祖　師子尊者。比丘尊者姓婆羅門至眉賓國見多拳生手曰年
　　　　　還我珠處問拳珠衆驚示偈

二十五祖　婆金斯多尊者。

二十六祖　不如密多尊者。

二十七祖　般若多羅尊者。

二十八祖　菩提達摩尊者。

　보리달마존자(菩提達摩尊者)는 서천(西天) 이십팔대(二十八代) 심인조사(心印祖師)로서 동림(東林)에 초대(初代)로 도통(道統)을 만드신 존귀한 분이신데, 내력(來歷)을 적어 명현(明賢)들의 증빙이 되도록 하였다.
　보리달마존자(菩提達摩尊者)께서 위로 천시(天時)를 보시고 아래로 지리의 율수(律數)를 따져보니, 도반(道盤)이 또한 동림(東林)으로 전환(轉還)됨을 살펴 아시고 이를 따라 동(東)쪽으로 오시어 제도하셨는데, 이를 노수환조(老水還潮)라 이름하고, 동토(東土)의 초대조(初代祖)가 되셨다.
　처음에는 양무제(梁武帝)를 제도하려 하였는데, 인연은 있었으나 분수(分數)가 없어 포기하고, 후에, 신광(神光)을 제도하려다가, 동록관(東綠關)에 이르러 양연지(楊胭脂)라는 독부(毒婦)를 만나 약독(藥毒)의 피해를 입고 죽을 뻔하였으나, 다행히 불법(佛法)으로 위험을 벗어났고, 다시 신광(神光)을 제도하여 도통(道統)을 잇고 2대조(二代祖) 밑으로 6대(六代)까지 전법부인(傳法

付印)되었으나, 의발(衣鉢)은 6대 혜능(六代慧能)까지만 전하고, 만교화합(萬敎和合)과 무극(無極)으로의 귀환(歸還)을 가능케 하는 현관일지(玄關一指)의 심법(心法)은 화택(火宅)으로 들어가 비밀리에 도맥(道脈)이 이어지게 되었다.

목차(目次)

머리말 〈한국어판을 내면서 지은 머리말〉 ·····················3
달마보전서(達摩寶傳敍) 〈달마 보전을 서술(敍述)한다〉 ···············7
기심인래력(記心印來歷) 〈심인(心印)의 내력(來歷)을 적는다〉 ········11

1. 달마보전(達摩寶傳) (상권)

(1) 양무제(梁武帝)에게 쫓겨나는 달마(達摩) ·····················21
(2) 신광(神光)에게 쫓겨나는 달마(達摩) ·························28
(3) 독부(毒婦) 양연지(楊胭脂)의 음모 ····························33
(4) 신광(神光)에게 나타난 십전염군(十殿閻君) ·····················37
(5) 달마(達摩)를 만나러 떠나는 신광(神光) ·······················39
(6) 양연지(楊胭脂)와 만난 신광(神光) ····························44
(7) 달마(達摩)의 무덤에서 나온 짚신 한짝 ·······················47
(8) 웅이산(熊耳山)에 도착하여 달마에게 팔을 베어 바치는
    신광(神光) ··49
(9) 신광(神光)에게 혜가(慧可)라 이름을 바꾸어 주고 전해준
    교외별전(敎外別傳) ····································52
(10) 술(術)·류(流)·동(動)·정(靜)과 좌도방문(左道旁門) ··········53

(11) 삼교합일(三敎合一)과 오훈채(五葷菜) ···································· 56
(12) 오계(五戒) ··· 59
(13) 삼염(삼염) ··· 74
(14) 삼귀의(三歸依) ·· 75
(15) 한일자(一字)의 정미(精微)한 도리 ··································· 84
(16) 태(胎)·란(卵)·습(濕)·화(化)와 윤회 ······························ 88
(17) 진경가(眞經歌) ·· 95
(18) 육적(六賊)의 반란(反亂) ··· 98
(19) 계란이 먼저인가? 닭이 먼저인가? ································· 102
(20) 삼심(三心)과 삼회(三會) ··· 104
(21) 무자경(無字經) ·· 106

2. 달마보전(達摩寶傳) (하권)

(22) 방편으로 종횡(宗橫)을 스승이라 하는 달마(達摩) ············ 113
(23) 불문(佛門)에 귀의(歸依)하는 종횡(宗橫) ························ 125
(24) 태어나고 죽어가는 일신법(一身法)의 상황 ····················· 127
(25) 태골경(胎骨經)과 어머님 은혜 ······································ 131
(26) 십자게송(十字偈頌) ·· 145
(27) 신가에 따라 구별되는 임종(臨終) 비결 ························· 149

(28) 임종시(臨終時)에 나타나는 환상과 사생육도(四生六道) …… 154
(29) 무극(無極)에서 행하여지는 문답(問答)들 ……………………… 162
(30) 12시(十二時)의 지남게(指南偈) ……………………………… 170
(31) 종횡(宗橫)의 개명(改名)과 삼교원리(三敎原理), 삼불(三佛),
    삼겁(三劫) …………………………………………………… 175

부록(附錄)

1. 도전현관(道傳玄關) ……………………………………………… 181
2. 오교성인성리심법(五敎聖人性理心法) ………………………… 191
3. 오교합일론(五敎合一論) ………………………………………… 193
4. 삼교합일(三敎合一)의 원리(原理) ……………………………… 195

1. 달마보전(達摩寶傳) (상권)

悟 眞 子 苑至果 補述
陣士紳
錢紫芙) 校閱
謝學愚 恭書
小眞居士 金在昊 編譯

(1) 양무제(梁武帝)에게 쫓겨나는 달마(達摩)

게(偈)하여 이르기를,

『**달**』천통지(達天通地)하는 이 한권의 글 천지를 거침없이 다 통하고,

『**마**』하아제(摩訶揭諦)로 중생들을 제도하여 피안에 오르게 하니,

『**보**』배로운 선가(仙家)의 오천(五千)마디 비결도,

『**권**』질만장(卷帙萬章) 여래(如來)의 삼장경(三藏經)도 이 안에 모두 담겨져 있노라.

찬(讚)하여 이르기를,

달마(達摩)의 자비로 세상에 보권(寶卷)을 전하니
제(諸) 불보살(佛菩薩)이 구천(九天)에서 내려와

게송(偈頌)을 듣고 바삐 서둘러 호위하고
위타(韋馱)와 영관(靈官)도 양변에 배열하네.

금로(金爐)에서 침단향(沈檀香)의 향연(香煙)이 일어나니
법신(法身) 청정(淸靜)해지고 바탕 그대로 들어나도다.

대중들이 경건하고 정성스레 부처님 말씀 본받는다면
곧바로 삼계(三界)를 벗어나고 열반(涅槃)을 증득하리라.

귀의하나이다, 십방의 일체 부처님께서 항상 법륜을 굴리시며
중생을 제도하심에 귀의하나이다.
귀의하나이다, 십방의 일체 법문으로 항상 법륜을 굴리시며
중생을 제도하심에 귀의하나이다.
귀의하나이다, 십방의 일체 스님들께서 항상 법륜을 굴리시며
중생을 제도하심에 귀의 하나이다.

그때에, 달마노조(達摩老祖)께서는 서역(西域) 남인도(南印度) 국경지방 대각금선(大覺金禪) 향지국(香枝國)의 셋째 태자(太子)로 태어나 왕위(王位)에 미련을 두지 않고, 영화(榮華)의 부질없음 또한 간파(看破)하여 닦아, 서천(西天) 이십팔조(二十八祖)가 되셨다. 그는 금련보좌(金蓮寶座)나 성인(聖人)의 경계를 그리워하지 않았으며, 세상을 자애롭게 보고 사람들을 불쌍하게 여기어, 천계(天界) 원년(元年)에 동토(東土)로 건너와 진공묘용(眞空妙用)을 전하면서 중생을 제도하셨는데, 이는 문자(文字)를 중시하지 않는, 단지 말(言)로 묘체(妙諦)를 전하는 구전심수(口傳心授)였다.

그런데 이를 중생들이 깨닫지 못하고 묘리(妙理)를 터득하기 어려워 하는 것을 본 달마노조(達摩老祖)는 드디어 상운(祥雲)을 타시고 높이 올라 혜안(慧眼)으로 양무제(梁武帝)의 착한 마음씨가 치솟아 공중에 서광(瑞光)이 나타나 어리는 것을 보시고, 곧바로 구름을 타고 내려가 양무제(梁武帝)가 있는 금란보전(金鑾寶殿)에 이르렀다.

무제(武帝)가 보니, 한 노승(老僧)이 공중에서 날라 들어오기에, 놀라 의아해 하며, "어떤 요괴(妖怪)가 멋대로 감히 이 곳에 왔느냐?" 조사(祖師) 말하기를, "서국인(西國人)인데, 몸에 광명주(光明珠)를 지니고, 성인(聖人)구역(區域)을 지나 눈 깜짝할 사이 이곳에 왔노라."

무제(武帝)가 묻기를, "서국(西國)에서 동토(東土)까지는 몇 리(里)나 되는가?"

조사(祖師) 대답하기를, "십만팔천리(十萬八千里)다."

무제(武帝)가 묻기를, "며칠 걸려서 도착하였는가?"

조사(祖師) 대답하기를, "내 다만 반시간(半時間)만에 왔노라."

무제(武帝) 묻기를, "그렇다면 신선(神仙)이 아닌가?"

조사(祖師)가 대답하기를, "비록 신선은 아닐지라도, 반(半)은 범부(凡夫)요 반(半)은 성인(聖人)이로다."

무제(武帝) 말하기를, "범속(凡俗)과 성인(聖人) 경계를 모두 통달했다면, 『생(生)·사(死)』가 비롯되는 낳고 죽는 근원(根源)도 알지 않겠는가?"

조사(祖師) 답하기를, "알고도 모르겠고, 모르고도 알겠노라."

무제(武帝) 말하기를,
"몇번이나 사람으로 태어나서 몇 대째에 멈췄고

어느때에 술과 고기를 끊었으며,

그대는 장차 무엇으로 임금의 은혜에 보답하고
누구와 더불어 그대는 권속이 되며,

낮에는 탁발함에 어느곳에서 인연을 맺고
밤에는 어느곳으로 돌아가 잠을 자며,

내가 여덟 글귀로 그대에게 묻노라.
누가 천당(天堂)이고 누가 지옥(地獄)인가?”

노조(老祖) 말하기를,
“아홉번을 사람으로 태어 나서 열번째에 멈췄고
어머니와 헤어지면서 술과 고기를 끊었으며,

나는 장차 경권(經卷)으로 임금의 은혜에 보답할 것이고
보살과 더불어 나는 권속이 되며,

낮에는 탁발함에 일천집(一千家)과 인연을 맺고
밤에는 돌아가 띠풀집에서 잠을 자며,

나도 여덟 글귀로 그대에게 답하노라.
나는 천당(天堂)이고 그대는 지옥(地獄)이로다.”

무제(武帝)가 이 말을 듣고, 마음을 억제치 못하고 크게 노(怒)하여 말하기를, “너는 화상(和尙)으로 도리(道理)가 없는 맹탕이

다."

 조사(祖師) 말하기를, "나에게 무궁무진한 도리(道理)가 있는데, 그대는 전혀 알아 차리지 못하는구나. 그대는 본시 무도(無道)한 사람이니, 미래에 무슨 희망이 있겠는가?"

 무제(武帝) 말하기를, "내 일찍이 오리(五里)에 암자(菴子) 하나, 십리(十里)에 절 하나 씩 세우고 불도(佛道)를 널리 펴고 드러내 무량한 공덕이 있는데, 네가 도리어 나를 바로 지옥(地獄)이라 하고, 한 군데도 좋을 것이 없다하니, 너 같이 쪽박 하나에 지팡이 짚고 사방으로 빌어먹으며 무위도식(無爲徒食)하는 중(僧)은 바로 천당(天堂)에 가고, 또 도리(道理)도 있고, 희망도 있다하니, 이 모두 터무니 없는 말이로다. 내 너를 끄집어내 목을 베리라."

 조사(祖師) 말하기를, "목을 베지 못하리라. 내 몸은 허공에 걸려 있어 손을 댈수가 없으리라."

 무제(武帝) 말하기를, "너는 앞으로 삼보(三步) 나아가도 죽고, 뒤로 삼보(三步) 물러나도 죽으리라."

 조사(祖師) 말하기를, "내가 옆으로 삼보(三步) 걷는다면, 어찌 막겠는가?" 이윽고, 무제(武帝)가 문(文)과 무(武) 두 반렬(班列)에 교지(敎旨)를 내렸다. "이 화상(和尙)을 서쪽 행랑(行廊)에 데리고 가서 머물게 하고, 내일은 법대(法臺)를 높이 설치(設置)하여 연화보좌(蓮花寶座)에 사십팔권(四十八卷) 경전(經典)을 쌓아 놓고, 화상(和尙)에게 강단에 올라 경전을 해설하고 법문을 하게 하라. 만약 진짜 중(僧)이라면 저절로 명심견성(明心見性) 할 것이지만 가짜 중(僧)이라면 하늘에서 곧바로 벼락이 떨어져 죽으리라."

 조사(祖師) 그 말을 들었지만 마음 가득 광명(光明)이 차올라

흔들림이 없었다. 여러 문무 대신(大臣)들이 화상(和尙)을 서쪽 행랑(行廊)에 쉬게 하면서 묻기를, "화상(和尙)은 어디서 왔으며 어디로 갈 것인가? 우리에게 한번 얘기하라. 우리들이 확실히 알고 싶노라."

노조(老祖) 말하기를, "경(卿)들은 나의 말을 잘 들으라. 나는 혼원(混元)일기(一氣)에서 왔고, 무생(無生)이 나의 어버이이며, 나의 아명(兒名)은 소황태(小皇胎)라고 부르는데, 소황태(小皇胎)는 형제가 많아서 구십육억(九十六億)이 사바세계(娑婆世界)에 살고 있다. 조정(朝廷)에 천자(天子)도 있고, 벼슬아치로 쾌락을 누리는 자도 있고, 허풍을 잘쳐서 부호(富豪)가 되어 뽐내는 자도 있고, 가난하여 바쁘게 뛰어다니는 자도 있고, 나쁜짓을 하여 짐승이 된 자도 있고, 도(道)를 닦아 깨친 대라선(大羅仙)도 있노라. 인회(寅會)에 손을 놓치고 흩어진 후로 사만여년(四萬餘年)이나 되었다. 내가 도반(道伴)을 만나려고 이곳에 왔는데, 만약 그대들이 나를 마귀라고 비웃는다면, 나는 서방(西方)으로 되돌아 가겠다. 그러나 그대들이 지옥에 떨어지지 않을까 걱정되노라."

조사(祖師) 말이 끝나자 여러 문무(文武) 대신들은 화상(和尙)이 정신병자(精神病者)임이 틀림없다고 여기고 각자 돌아갔다.

다음 날이 되어, 법대(法臺) 설치를 마치고 화상(和尙)에게 강단(講壇)에 올라 설법(說法)을 하라 하니, 노조(老祖) 사십팔권(四十八卷) 경전(經典)을 한번 죽 훑어 보고 통달하였으나, 무엇엔가 온갖 상념에 잠긴듯, 아무말도 하지 않으니 무제(武帝) 말하기를, "그대에게 강경 설법(講經說法)을 하라 하였는데 어찌 한마디도 하지 않는가?"

조사(祖師) 말하기를, "한순간 삼천권(三千卷)의 성리(性理)를 보게 되고, 잠깐 사이 백부경(百部經)의 대의(大意)를 마칠 수 있건만, 미매한 사람들이 내가 서천(西天)에서 온 뜻을 알지 못하니,『무자진경(無字眞經)』을 세상에서 찾기 어렵도다."

 무제(武帝)가 깨닫지 못하고 도리어 미치광이라 하며, 마음 속으로 부터 분(忿)이 치밀어 노(怒)하며, 좌우(左右) 시위(侍衛)에게 몽둥이로 저 화상(和尙)을 내쫓아 버리라고 명령하니 노조(老祖) 말하기를, "왜 꼭 쫓아 내야 하겠는가? 그러나 이렇게 하는 것은 그대가 복(福)을 차는 것이라, 장차 대성(臺城)에서 굶어죽게 될 것이 걱정이로다. 어떻게 눈을 감으려고 그리하는가?"

 무제(武帝) 더이상 참지 못하고 대노(大怒)하여 빨리 내쫓아버리라 명령하니, 신하들이 곧바로 몽둥이를 들고 두들겨 패 내쫓으러 달려들므로, 노조(老祖)께서 전(殿)밖으로 번개처럼 피하면서 돌연히 세번 탄식하기를 "인연이 없도다! 인연이 없도다!" 하시고 떠나면서 노래하였다.

 "슬프도다! 허망되이 부귀와 명리에 미혹된 사람들이 너무 많구나.
 티끌 세상의 많은 황태원자(皇胎原子)들 홍진(紅塵) 가운데서 곤욕을 당하누나.

 홍복과 권세와 요행만을 즐길 줄 알고
 업장(業障)이 모르는 사이에 온몸을 휘감는 줄은 생각지 못하는도다.

 양무제(梁武帝)와 불연(佛緣)을 맺고자 하였으나 벼슬에만 연분이 있으니
 애석도다! 원한과 죄장 무거워 한구멍(一竅) 밝힐 수 없구나.

다만 그대가 걱정될 뿐이다. 복이 다하면 문득 재화(災禍)가 닥치니,
원수가 원수를 갚고 대성(臺城)에서 곤(困)하게 죽게 되리라.

부처님이 불쌍히 여겨 특명(特命)으로 나를 보내 깨우쳐주려 하였는데
그가 어찌알랴! 미혹이 깊어 조금도 생각지를 못하는 구나.

어찌하랴, 법선(法船)몰고 할 수 없이 떠나간다.
동서남북 정처없이 인연 있는 사람 찾아 떠나 가노라."

(2) 신광(神光)에게 쫓겨나는 달마(達摩)

노조(老祖)께서 노래를 마치고 금릉(金陵) 왕사성(王舍城)에 있는 황화산(黃花山)에 이르니, 신광(神光)이 이곳에서 강경(講經) 설법(說法)을 사십구년(四十九年)째 하고 있었다.

사람이나 하늘이나 할것 없이 백만(百萬)이나 청강(聽講)하고 있었는데, 노조(老祖)께서 이 곳에 이르러 살펴 보니, 과연 그 강론(講論) 설법함이 하늘에서 꽃비가 어지러이 쏟아지는 것 같고, 땅에서는 금련(金蓮) 꽃이 솟아나는 것 같고, 진흙으로 만든 소(泥牛)가 바다를 건너는 것 같으며, 목마(木馬)가 바람소리를 내는 것과 같았다.

신광(神光)은 뜻밖에 한 화상(和尙)이 처음 들어 오는 것을 보고 의문스러워 그에게 묻지 않을 수 없었다. "노승(老僧)은 어디에서 왔는가?"

조사(祖師) 말하기를, "멀지 않는 곳에서 왔노라."

신광(神光)이 말하기를, "그렇게 멀지 않은 곳이라면 이전에 이곳에 와본 일은 없는가?"

조사(祖師) 말하기를, "한가한 틈이 없노라. 산(山)에 가서 불로장생의 약초를 캐기도 하고 바다에 가서 진귀한 진주를 채취 하기도 하고, 무봉탑(無縫塔) 한채를 수리하고 건조하다 보니 공과(功果)가 완성되지 못한 탓으로, 오늘에야 겨우 틈을 엿봐 이 곳에 왔으니, 자비하여 그대의 강경 설법을 들을 수 있도록 해주시오."

신광(神光)이 화상(和尙)의 말을 듣고, 경전(經典)의 강론(講論)을 듣게 하려고, 곧바로 경권(經卷)을 펼쳐 자세히 설법하였다.

조사(祖師)가 말하기를, "그대가 이야기하는 것이 무엇인가?"

신광(神光)이 말하기를, "내가 이야기 하는것이 바로 법(法)이다."

조사(祖師)말하기를, "법(法)이 어느곳에 있는가?"

신광(神光)이 답하기를, "법(法)이 경서(經書)위에 있노라."

조사(祖師) 말하기를, "검은 것은 글자이고, 흰 것은 종이인데, 어디에 법(法)이 있다 하는가? 그대가 종이 위에 법(法)이 있다고 말하였는데, 그렇다면 내가 종이에 떡을 그려 그대에게 줄 테니 굶주린 배를 채워보라."

신광(神光)이 말하기를, "종이 위의 떡을 가지고 어떻게 굶주린 배를 채울 수 있단 말인가?"

조사(祖師) 말하기를, "종이에 그려진 떡으로 배를 채울 수 없다면, 종이위의 불법(佛法)으로 어떻게 능히 초생료사(超生了死) 하겠는가? 경전(經典)은 본래 무익(無益)한 것이니 나에게 주면

태워 버리겠노라."

신광(神光)이 말하기를, "내가 강경(講經) 설법(說法)하여 수많은 사람을 제도하였는데, 어찌 그것이 무익(無益)하다고 말하는가? 그대는 불법(佛法)을 가볍고 천하게 여기고 있으니 실로 그 죄(罪)가 막대하리라."

조사(祖師) 말하기를, "내가 불법(佛法)을 천시(賤視)하는 것이 아니라 그대 자신이 불법(佛法)을 천시(賤視)하는 것이로다. 전혀 부처의 심인진법(心印眞法)을 탐구하지도 않고 경서설법(經書說法)에만 집착하니, 가히 불법(佛法)을 밝힐 수 없다 하리라."

신광(神光)이 말하기를, "내가 이미 밝지 못하다면, 청컨대 그대가 강단(講壇)에 올라 설법(說法)해 보라."

조사(祖師) 말하기를, "나에게는 별다른 법(法)이 없고 다만 『한일(一)』자 한마디를 가지고 이야기하겠노라. 내가 서천(西天)에서 『일(一)』자 한 개만 가지고 왔는데, 수미산(須彌山)으로 붓을 삼고 사해(四海)의 물로 먹을 갈아, 천하(天下)를 종이로 하여, 이 『한일(一)』자를 그리려 해도 그리기가 어렵고 또한 내가 그렇게 생긴 모양을 그리기도 어렵노라. 보고 또 보려 해도 볼 수가 없고, 묘사하고 또 묘사하려 해도 묘사할 수 없나니, 사람들이 이 『한일(一)』자를 터득하여 알고, 또 그 도형(圖形)을 그릴 줄도 알고, 털끝 만큼도 걸림이 없다면, 비로소 능히 생사(生死)를 벗어날 수 있으리라. 본래 형상(形像)이 없으나 사시 사철 광명(光明)을 발하니, 사람들이 이 현현(玄玄)한 묘리(妙理)를 터득하여 안다면, 문득 용화회상(龍華會上)의 사람이라 하리라.

게(偈)하여 이르기를,
달마(達摩)는 원래 하늘 밖의 하늘에서 왔는데

불법(佛法)을 강론(講論)않고도 신선(神仙)이 되었네.

만권(萬卷)의 경서(經書)가 모두다 쓸데가 없고
오로지 생사(生死)가 『한일(一)』자 끝에 매달려 있노라.

신광(神光)이 원래 강경설법(講經說法)을 좋아하여
지혜와 총명을 널리 사람에 전했지만

오늘 달마(達摩)를 만나 제도되지 않았다면
삼계(三界)를 벗어나 생사(生死)를 마치기 어려웠으리라.

달마(達摩)가 서천(西天)에서 한 글자도 가져오지 않았으니
오로지 심의(心意)에 의지하여 공부하라.

만약 종이 위에서 불법(佛法)을 구하려 한다면
동정호(洞庭湖) 호수물을 붓 끝에 찍어 말리려므나."

 신광(神光)이 듣고 나서 마음을 주체치 못하고 대노(大怒)하여 손에 쇠염주(鐵素珠)를 잡고 조사(祖師)의 얼굴을 후려치니, 앞니 두 개가 부러졌는데, 조사(祖師)가 이를 뱉어 내고자 하였으나 뱉는다면 이 땅에 삼년동안 큰 가뭄이 닥치므로 차마 뱉어내지 못하고, 조사(祖師)께서 뱃속에 삼키고자 하였으나 오장(五藏)의 계(戒)를 깨트릴 것이 두려워 다만 참고 견디며 이(齒)와 피를 입 속에 머금고 서쪽으로 떠나 갔다.

 게(偈)하여 이르기를,

"달마(達摩) 입 속에 피를 머금고 말없이 돌아갔나니
신광(神光)이 알아 보지 못할 줄 생각이나 했으랴!

배가 강변에 도착하였으나 사람 건너기 어려워라.
보건데, 인연이 있으면서도 인연이 없음이로다.

무제(武帝)와 신광(神光)이 마음을 낮추지 않으니
어찌 조사가 서쪽에서 온 뜻을 알랴!

한 번 놓쳐버리면 다시 만나기 어려운 것을
영원히 매몰(埋沒)되어 홍진(紅塵)에 있으리라."

노조(老祖)께서 왕사성(王舍城) 밖으로 나가서 도포 소매자락을 한 번 떨치니, 이(齒)도 그 전과 같이 되었고, 피도 저절로 깨끗이 없어졌다. 사람을 건지기가 어렵다 생각하니, 한바탕 탄식하지 않을 수 없었다.

"슬프도다! 사도(邪道) 방문(旁門)에 문자(文字) 설법으로 입에서 나오는 대로 담론(談論)하며
　오로지 습관적으로 놀려대는 구두선(口頭禪)에 얽혀 사생(死生)을 탐구하지 않으니,

수행하는 저 사람들 불법심인(佛法心印) 구하지 않고
도(道)를 깨치려는 그 사람들 무자진경(無字眞經) 찾지 않고,

아이들처럼 강론(講論)만 하고 괴이한 짓만 골라하며

유(儒)·불(佛)·선(仙) 삼교(三敎)를 믿는 많은 이들 생사(生死)를 벗어나 마치려 궁구치 아니하고,

가짜 중·가짜 도사 두들기고 치고 창념(唱念)이나 하고
신광(神光)은 자기가 하는 강설(講說)만 능(能)하다 하는구나.

그렇게 강론(講論)을 잘하여 하늘에서 꽃비가 나리는 듯 하지만 성명(性命)을 마치기는 어렵고
마침내는 십전염군(十殿閻君) 벗어날수도 없도다.

눈을 들어 사도(邪道)방문(旁門)내에 있는 수없는 사람들을 살펴보니
심경(心經)을 엿보며 진도(眞道) 찾아 수행하는 사람 하나도 없구나.

내 오늘 신광(神光)을 건지려 하였으나 연분이 없으니
어느 곳에서 비로소 연분있는 사람을 만날런지 알 수 없구나."

(3) 독부(毒婦) 양연지(楊胭脂)의 음모

조사(祖師) 슬퍼하면서 탄식하며 길을 따라 가다가 동록관(東綠關)에 이르러 이름이 양연지(楊胭脂)라 하는 한 부인(婦人)을 만났다.
그녀가 조사(祖師)께 묻기를 "어디서 오시며 어디로 가십니까?"
조사(祖師) 말하기를, "서국(西國)에서 왔는데, 특별히 무제(武

帝)와 신광(神光)을 건지려다 연분이 모자라 되돌아 가노라."

연지(胭脂) 그 말을 듣고, 도덕(道德)이 아주 높은 화상(和尙)임을 알았다. 곧 조사(祖師)를 집에 오시도록 하여 경당(經堂)에 들어가 법좌(法座)에 오르시게 하고, 곧바로 배례(拜禮)하며 고하여 아뢰기를, "저는 수년간을 청구(淸口)하고 재계(齋戒) 하였으나 아직 명심견성(明心見性)을 하지 못하였는데, 오늘 연분이 있어 명사(明師)의 강림(降臨)을 만나게 되었습니다. 저는 지금 제자 되기를 발원하고 스승님께 자비를 구하오니, 정법을 지시하여 주소서! 제자 영원히 그 은혜 잊지 않겠나이다."

조사(祖師) 말씀하시기를, "그대가 지금 구도(求道)를 발원(發願)함은, 작은 일이 아닌데다 여자의 몸은 때가 묻어 더럽고 원건(寃愆)이 많은 오루체(五漏體)이므로, 바다와 같고 하늘과 같은 큰 원을 맹서하여 삼귀오계(三歸五戒)를 지켜 나가고, 바른 생각을 확고하게 품어 안아야 비로소 가능할 것이다. 한가로이 원(願)을 쫓아 실행치 않으면, 도리어 지옥에 떨어져 만겁(萬劫)이 되어도 초승(超昇)하지 못하리라. 마땅히 두 번 세 번 생각하여 행하라. 가볍게 볼일이 아니다."

연지(胭脂) 즉시 땅에 무릎꿇어, 부처님께 원(願)을 세우기를 "제가 만약 법(法)을 얻고도 스승을 잊거나 삼귀오계(三歸五戒)를 지키지 않고 중도(中途)에 포기한다면 영원히 몰락하여 고해에 빠져, 만겁(萬劫)이라도 삼계(三界)를 벗어나지 못할 것입니다."

달마(達摩)는 이 말이 겉치레 거짓임을 알고, 대략 몇 구절 게송(偈頌)으로 읊기를, "만약 삼고(三苦)에서 정법(正法)을 구한다면, 단지 몸 가운데 동정공(動靜功)만 알게 되리니, 법(法)이 만물(萬物)을 낳고 삼계(三界)를 꿰뚫었으며, 도(道)는 천지를 감싸고 있고 허공과 우주 안에도 가득 차 있으며, 뼈속 깊이 골수에 까지 뚫고 사무쳐 이르지 않은 데가 없고, 팔방 어디에나 그 묘(妙)가 무궁하게 나타나며, 사대(四大)에 두루 흘러퍼져 진정한 주인공(主人公)이 되고, 안(內)으로 그 형상(形相)이 없고 밖(外)으로도 그 종적(踪跡)이 없노라. 언제나 정(精)·기(氣)·신(神) 삼가(三家)를 한곳에 모이도록 하면, 내외가 일체되어 금(金)의 위용이 나타나리라."

또 말씀하시기를, "사람(人)과 법(法) 두 가지를 다 잊어버려야 이것이 참 진공(眞空)이다. 동(動)에 있어서나 정(靜)에 있어서나 활기찰 때 치우치지 말고 진실로 그 중(中)을 잡아 지켜 나간다면, 자기집(自家)에 있는 진인(眞人)을 꿰뚫어 볼 수 있게 되어, 칙명(勅命)을 받고 극락궁(極樂宮)에 비승(飛昇)하리라."

연지(胭脂)가 법어(法語)를 듣고, 마음 깊이 잘 새겨두었다. 그러나 수일(數日)이 지난 후, 드디어 조사(祖師)를 독살(毒殺)하려는 마음이 일어났는데, 이는 무제(武帝)와 신광(神光)이 와서 절하고 그녀를 스승으로 모신다면 얼마나 영광이겠는가 하는 속셈에서였다.

그러나 노조(老祖)께서 연지(胭脂)의 그 뜻을 미리 알고 짚신을 벗어서 게어(偈語)를 베껴서 남긴 다음, 시체가 되게 하고 몸을 감추어 떠나 버렸다. 연지(胭脂)는 조사(祖師)가 이미 죽은 것을 보고 재빨리 시체를 거두어 장례를 치러버렸다.

노조(老祖)께서 동록관(東綠關)을 떠나면서 다시 또 한바탕 슬퍼하면서 탄식하기를,

"슬프도다!
저 부인(婦人) 미매(迷昧)가 심(甚)하여 자성(自性)을 밝히지

못하리라.
  마음을 돌이켜 재계(齋戒)는 하였으나 죽고 사는 문제 궁구치 못하였네.

  오루체(五漏體)에 죄과(罪過)가 많은 것을 전혀 생각지 않고
  전생에 지은 죄로 미매(迷昧)가 막심하여 수행해도 밝힐 수 없네.

  아녀자 몸 되어 불편 많고 환난도 다 없앨 수 없고
  삼종(三從)을 쫓고 사덕(四德)과 합하며 타인의 명(命)도 들어야 하네.

  양연지(楊胭脂) 나를 만난 것 삼생(三生)에 다행이였으나
  곧바로 선천(先天)의 불이법문(不二法門)을 찾으니,

  그를 보건데 말은 잘 하나 마음은 바르지 못하도다.
  무자경(無字經)을 어찌 가볍게 개진(開陳)하리요.

  대략 몇 마디 선기(禪機)의 말 다행으로 듣더니
  나를 독살(毒殺)하고 사람의 스승되고자 생각하는구나,

  이로 미루어 보건데, 내 올 때에는 한가닥 길이던 것이
  내가 간 후에는 만 갈래 천 갈래로 나누일까 두려워

  신심(信心)있는 사람하나 골라서 도통(道統)을 계승케 하려는데

혜안(慧眼)으로 온갖 사방 다 둘러봐도 한 사람도 없고,

다만 믿을 수 있는 사람 왕사성(王舍城)의 신광(神光)뿐이니
내 다시 가서 그를 전향(轉向)시키지 못하면 제도하러 동토에
온 보람이 없으리라."

(4) 신광(神光)에게 나타난 십전염군(十殿閻君)

조사(祖師) 탄식을 마치고 신광(神光)을 차마 포기하지 못하여, 다시 제도 할 방법을 생각하다가, 마음에 깨닫는바 있어 염주(念珠) 열 개를 떼어내서 십전염군(十殿閻君)이 되게하여 표연(飄然)히 신광(神光)의 법대(法台)옆에 이르러 서게 하였다.

신광(神光)이 곧바로 법대(法台)에 오르려다, 문득 열명의 수사(秀士·덕행이 훌륭한 사람)가 와 있는 것을 보고, 신광(神光)이 묻기를 "여러 선생들께서는 어디에 사시는 누구시며 설법을 들으러 이곳에 온 것이 아닙니까?"

그 열 분이 대답하기를 "우리는 유명지부(幽冥地府)의 십전염군(十殿閻君)으로서 설법을 들으러 이곳에 온 것이 아니라 그대의 양수(陽壽)가 꽉 차 특별히 그대의 생혼(生魂)에 올가미를 씌우려고 왔노라."

신광(神光)이 말을 듣고, 크게 놀라면서 말하기를 "내가 일찍이 사십구년간(四十九年間)을 설법(說法) 하면서 무수한 무리들을 제도하였고 온갖 신고(辛苦)를 한없이 겪으면서 무량한 공덕(功德)을 쌓아왔는데 어찌하여 도리어 염군(閻君)의 손을 벗어날 수가 없다는 말입니까?"

염군(閻君)이 말하기를, "지금 능히 피할 수 있는 사람이 천하에 단 한사람 있으나, 그외에는 아무도 능히 면(免)할 수가 없도다."

　　신광(神光)이 말하기를 "그 한사람이 누구입니까?"

　　염군(閻君)이 말하기를 "전날 이곳에 왔었던 얼굴이 검은 화상(和尙)이다. 광명(光明)한 『무자진경(無字眞經)』과 『선천진전(先天眞傳)』을 얻고 닦아 이루어, 하늘 밖의 한가한 사람이 되니, 비로소 우리들의 손을 벗어날 수 있는데 다만 설법(說法)으로만 수행하고, 입에 발린 말로만 삼매(三昧)에 들고, 맹목적으로 닦고 되는 대로 마구잡이 단련(鍛鍊)을 하면서, 실제로 『진전(眞傳)』을 찾지 않는 수행자는, 모두다 입으로는 염라국(閻羅國)을 면(免)할 수 있다고 말하지만, 실제로는 모두 피하여 벗어날 수 없도다."

　　신광(神光)이 말을 듣고, 부끄러운 마음이 사무쳐 올라, 자기가 연분(緣分)잃은 것을 후회하면서, 곧바로 땅에 무릎 꿇어 염군(閻君)의 면전(面前)을 향하여 용서를 빌며, 죽음을 면하게 해주시면 쫓아 가서 달마(達摩)의 지시를 따르겠노라고 엎드려 애절하게 비니, 열 분 염군(閻君)이 문득 사라지고 없었다.

　　신광(神光)은 몸을 일으켜 연대(蓮臺)로 향하다가 한쪽 발이 연대(蓮臺)에 걸려 넘어졌다가 일어나면서 노조(老祖)를 쫓아 바쁘게 길을 떠나려 하였다. 그러나 백만(百萬)의 무리가 붙들고 매달리므로 차마 헤어지지 못하여 말하기를, "스승 한 번 가신 것이 참으로 가련토다. 부르는 사람 모두 모두마다 눈에서 눈물이 마르지 않으니, 백만(百萬) 인천(人天) 무리의 주인은 누가 되며, 어느날 돌아오게 되는지 알 수가 없노라."

　　신광(神光)이 계속하여 말하기를, "대중들은 조용히 나의 말을 잘 들으라. 한결같이 내가 가고자하는 것은 진전(眞傳)을 구하고

자 함이니 후일 언젠가 만약 정과(正果)를 얻는다면, 살아있는 모두를 전부 건져 열반(涅槃)을 증득케 하리라. 사제지간의 은혜 중(重)하고 정(情) 또한 깊었는데, 어떻게 짜른 듯이 버리고 헤어질 수 있겠는가? 앞으로 가까이 다가와 나의 열가지 부탁을 듣고, 각기 집으로 돌아가서 수행하되 절대로 퇴심(退心)하지 말라.

(5) 달마(達摩)를 만나러 떠나는 신광(神光)

첫번 째 부탁은 부처님께 귀의하여 오직 진심으로 할것이니
은애(恩愛)를 탐하지 말고, 명리(名利)를 다투지 말라.

하루 스물 네시간 부처님을 항상 가깝게 모실 것이며
하루에 네차례 분향(焚香)하여 부처님 은혜에 보답하라.

내가 염군(閻君)의 손을 피하지 못한 것은 무명(無明)이 남아있는 탓이니
대중에게 권(勸)하노라. 이를 잘 견딜 것이며 마음깊이 명심하라.

두 번째 부탁은 법(法)에 귀의하여 불규를 엄수할 것이니
하루 스물네시간 『공과(功課)』을 법(法)에 맞춰 실행하라.

계(戒)에 귀의함은 수행인이 잡아야 할 크고도 큰 손잡이로다.
절대로 잡념을 일으키거나 마음대로 난행(亂行)치 말라.

내가 염군(閻君)의 손을 벗어나지 못한 것은 신기(神氣)가 다 소모된 탓이니

대중에게 권하노라. 때때로 본심을 잃지 않도록 착한 성품을 기를 것을 마음 깊이 명심하라.

세 번째 부탁은 스님에게 귀의하여 청정(淸靜)을 배울 것이니

불문(佛門)에 몸을 던져 청정법규(淸靜法規)를 지키고 이단(異端)인 방문(旁門)을 열지 말라.

절대로 흔적을 남기는 법(法)과, 꿈·환각·물거품·그림자를 배우지 말라.

혹은 정좌(靜坐)하고 혹은 관공(觀空)하면서 잡념이 일어나지 않도록 하라.

내가 염군(閻君)의 손을 벗어나지 못한 것은 자성(自性)을 밝히지 못한 탓이니,

대중에게 권(勸)하노라. 상(相)을 모두 날려 보낼 것을 마음 깊이 명심하라.

네 번째 부탁은 살생(殺生)을 경계하여 인덕(仁德)을 근본 삼을 지니

서천(西天)의 부처님들은 모두가 자비하시고 대인(大仁)되신 분 뿐이다.

수행인(修行人)들은 생령(生靈)과 원한을 맺지 말라.

그리하여 지옥고(地獄苦)를 면하고 윤회에 휘둘리지 않도록 하

라.

　내가 염군(閻君)의 손을 벗어나지 못한 것은 원얼(冤孽)이 너무나 많기 때문이니,
　대중에게 권(勸)하노라. 방생(放生)을 많이 할 것을 마음깊이 명심하라.

　다섯 번째 부탁은 도둑질을 경계하여 의(義)를 근본 삼으라.
　한 포기의 풀이나 한 오라기의 실이라도 각각 주인이 있도다.

　다른 사람이 나에게 각박하게 했다 하여 마음에 맺혀 견디지 못하고
　내가 남에게 각박하게 하면 사람들이 반감(反感)을 가져 화근(禍根)의 씨가 뿌려지는 것이다.

　내가 염군(閻君)의 손을 벗어나지 못한것은 너무 각박한 탓이니
　대중에게 권(勸)하노라. 너그럽기를 마음깊이 명심하라.

　여섯 번째 부탁은 사음(邪淫)을 경계하여 명예(名譽)와 절조(節操)를 근본 삼을 지니
　수도인은 관휴(關雎)를 본받아 즐기되 음란하지 않아야 한다.

　아름다움이 서시(西施)와 같다 할지라도 마땅히 짐승과 벌레로 여기라.
　절대로 욕념(慾念)을 이르키거나 본성이 상실(喪失)되지 않도록 하라.

내가 염군(閻君)의 손을 벗어나지 못한 것은 욕념이 남아 있는 탓이니

대중에게 권(勸)하노라. 색(色)이 곧 공(空)인 것을 마음깊이 명심하라.

일곱 번째 부탁은 술과 고기를 경계하여 청(淸)과 탁(濁)을 혼란스럽게 섞지 말지니

술은 성품을 어지럽게 하고 고기는 성품을 탁하게하여 불성(佛性)을 더럽힌다.

그러므로 스물 네시간 혹은 염불하거나 혹은 정좌(靜坐)하면서 당연히 욕념을 끊어야 명심견성(明心見性)하리라.

내가 염군(閻君)의 손을 벗어나지 못한 것은 깨끗하거나 청정(淸靜)치 못한 탓이니

대중에게 권(勸)하노라. 청구재계(淸口齋戒) 음식 먹을 것을 깊이 명심하라.

여덟 번째 부탁은 망령된 말을 경계하여 말에 믿음(信)이 있어야 할지니

오계(五戒)를 지키고 오상(五常)을 꿰뚫고 오행(五行)마져 꿰뚫어 관통하라.

온갖 만물이 『믿을신(信)』로 말미암아 화(化)하여 돌지 않음이 없으니

충성스런 믿음의 말과 진실되고 존경스런 행실로 오만함과 게

으름이 생기지 않도록 하라.

　내가 염군(閻君)의 손을 벗어나지 못한 것은 잘난체하고 오만했던 성질 탓이니
　대중에게 권(勸)하노라. 핏대 성질 낮추기를 마음깊이 명심하라.

　아홉번째 부탁은 홍복(紅福)을 닦는 것은 부귀의 일이니
　이후로는 팔덕(八德)을 본받고 더하여 오륜(五倫)을 본받으라.

　화재(花齋·齋日淸口)를 먹고 월재(月齋·한달淸口)를 먹는 것도 모두 그대들에게 달린 것.
　사람위의 사람의 지혜 광명을 닦으라.

　내가 달마(達摩)를 따라 쫓아가는 것은 성명(性命)을 위해서이니
　대중에게 권(勸)하노라. 널리 제도 베풀기를 마음깊이 명심하라.

　열번째로 부탁하는 것은 모든 착한 사람들에게 덕(德)을 행하라 말하라.
　대선(大善)을 행하던 소선(小善)을 행하던 힘 닿는데까지 행하라.

　재물이 있는 사람은 재물을 버려 널리 베풀되 인색하지 말고
　재물이 없는 사람은 몸으로 은혜 베푸는 일을 한결같이하여 공

(功)을 세우라.

내가 달마(達摩)를 쫓아가고자 하는 것은 심인(心印)을 얻고자 함이니
우러러 보건데 대중들이여! 모두 공(功)을 세워 다함께 피안에 오르도록 하자."

(6) 양연지(楊胭脂)와 만난 신광(神光)

부탁을 모두 마치고 스승과 제자가 눈물을 뿌리며 이별하였다. 신광(神光)이 일심으로 달마(達摩)를 뒤쫓아갈 간절한 심정으로 곧바로 동록관(東綠關)에 이르러 한 부인(婦人)을 만났는데, 이름이 양연지(楊胭脂)라 하였다.
신광(神光)이 묻기를 "낭자(娘子)는 언젠가 한 검은 얼굴의 화상(和尙)이 지나가는 것을 본 일이 있는가?"
연지(胭脂)가 말하기를 "그저께 노조(老祖)가 나의 집에서 칠일 동안 계시다가 병으로 돌아가셨는데, 내가 조사(祖師)의 시체를 동록관(東綠關)밖에 묻었노라."
신광(神光)이 이 말을 듣고 통곡을 멈추지 못하고 "인연이 없어 이렇게 명사(明師)를 놓쳤구나" 후회하면서 가슴을 치며 슬피 울었다.
연지(胭脂) 말하기를 "노조(老祖)께서 비록 돌아가셨지만, 도(道)의 뿌리가 나에게 있으니 비통해 할것이 없다."
신광(神光)이 말을 듣고 바야흐로 눈물을 멈추고 묻기를, "조사(祖師)의 도(道)를 어떤 사람이 받았는가?"

연지(胭脂) 말하기를 "도(道)는 모두 나에게 전수되었도다. 그대가 인내하고 마음을 낮추면 내가 곧 그대에게 전해 주리라."
　신광(神光)이 서둘러 두손으로 땅을 짚고 절하며, 땅에 무릎 꿇어 가르침을 구하니, 연지(胭脂) 말하기를, "도(道)는 가벼이 전하지 못하는 것이므로, 반드시 상천(上天)에 원(願)을 세운 후에야, 바야흐로 전수(傳受)될 수 있으리라."
　신광(神光)이 말하기를, "제자 수행하였으나 『현(玄)』을 관통치 못했나이다. 오로지 스승만을 받들며 참선(參禪)을 배우겠나이다. 내가 만약 법(法)을 경멸하면 지옥고(地獄苦)를 못면하고, 스승을 잊으면 성명(性命)이 고향으로 돌아가지 못할 것입니다."
　연지(胭脂) 말하기를, "수행 공부는 전부 『마음심(心)』에 있는 것인데, 행위가 바르지 못한 사람에게 전하면 그 죄(罪)가 가볍지 않다. 산(山)을 꿰뚫고 바다에 스며들어서도 항상 응하여 나타나고 하늘을 감싸고 땅속까지 스며있고, 사람의 몸에도 있다. 동(動)·정(靜)간 활기차게 천성(天性)을 길러야, 일천번 태어나는 가운데 겨우 단 한 번 부처님의 강림(降臨)하심을 보게 되고, 천지건곤(天地乾坤)에 진성(眞性)을 가득차게하여, 풀어 놓기도 하고 거두어 들일 줄도 알아야 고향인 본원(本原)으로 돌아갈수 있노라."
　신광(神光)이 재삼 머리를 조아려 고두례(叩頭禮)하며 몸 가운데에 있는 성명(性命)과 생사(生死)가 비롯되는 원인을 물으니,
　연지(胭脂)가 말하기를, "생사(生死)가 성명(性命)의 근원인데, 내외(內外)로 나뉘어, 안으로는 능히 골수(骨髓)에 까지 뚫고 들어가 온 몸을 널리 덮고, 사물의 변화에 따라 나타나는 것이 육문(六門)의 동정(動靜)이오, 밖으로는 능히 산을 꿰뚫고 바다에도 스며들며, 하늘을 감싸고 땅속에까지 미쳐 온 우주사방에 가득찬

것을 풀어놓기도 하고 거두어 들이기도 하며, 동(動)과 정(靜)을 줄기차게 할수 있는 이것이 겁(劫)에 얽매이지 않는 겁(劫)밖의 진인(眞人)인 것이다. 금강경(金剛經)에 이르기를, 현재·과거·미래의 마음은 모두다 얻을 수 없는 것인데, 인상(人相)·아상(我相)·중생상(衆生相)·수자상(壽者相)이 모두 없어져야 비로소 윤회(輪廻)의 고(苦)를 면하고, 염군(閻君)의 형벌(刑罰)을 벗어 나리라."

신광(神光)이 말하기를, "이러한 도리(道理)는 나도 일찍이 항상 강론(講論)한 바이니, 바라옵건대, 스승은 나에게 선천(先天)의 지극한 도(道)를 전하여 주소서."

연지(胭脂) 말하기를 "법(法)을 이미 다 전하였고, 다시 또다른 법이 없노라."

신광(神光)이 마음 한 구석 상세하지도 분명하지도 않고, 의문이 풀리지 않아 꺼림직 하던 차에 홀연히 문밖에 한 노승(老僧)이 와서 큰 소리로 외치기를, "동토(東土) 중생들이 인연이 없도다. 인연이 없도다. 서천(西天)의 달마노조(達摩老祖) 불가(佛駕)가 동토(東土)에 왕림(往臨)하였는데, 그대로 놓쳐 버렸으니 가석(可惜)하구나!"

신광(神光)과 연지(胭脂)가 듣고는 묻기를, "노사부(老師傅)는 어디에서 달마조사(達摩祖師)를 만났습니까?"

노승(老僧)이 말하기를, "내가 서국(西國)에서 동토로 올 때에 하루 낮 하루 밤을 함께 왔었습니다."

신광(神光)과 연지(胭脂) 모두 그 사실이 믿어지지 않았다. 이에 노승(老僧)이 또 말하기를 "내가 그저께 서양호(西洋湖)에서 목욕하다가 다시 또 노조(老祖)를 만났는데, 손에 편산(便鏟·삽)을 들고, 짚신 한짝을 둘러 메고 몸에 부들방석을 짊어 지고, 갈대를 딛고 서서 강(江)을 건너 가더이다. 내가 어디로 가느냐고 물었더니 그가 말하기를, '먼저 무제(武帝)를 제도하려 했으나 연분이 없어 도리어 옥곤봉(玉棍棒)으로 몸을 다쳐 쫓겨나고, 다음에는 신광(神光)을 제도하려 했으나 그 또한 연분이 없어 무쇠염주로 맞아 이(齒)를 다치고, 다시 연지(胭脂)를 제도하려 하였으나 독살(毒殺)의 위해만 당했노라. 웅이산(熊耳山)에 가서 안주할 곳을 찾아, 몸을 수양하고 이(齒)를 고치고자 하노라' 하고 말을 마치고는 떠나갔습니다."

　신광(神光)이 듣고 보니 과연 그 이야기가 사실인지라 연지(胭脂)를 돌아보며 "당신 말이 조사(祖師)가 이미 병(病)으로 돌아가셨다고 하였는데, 어찌하여 살아계십니까?"

　연지(胭脂)가 말하기를 "나와 함께 동록관(東綠關)에 가서 무덤을 파 볼 수 밖에 없다."

(7) 달마(達摩)의 무덤에서 나온 짚신 한짝

　이에 곧 가서 파헤치고 보니, 다만 짚신 한 짝만 묻혀 있을 뿐이었는데, 수(繡)로 새겨져 있는 글자에 이르기를, <달마(達摩)가 서쪽에서 와 짚신 한짝에 천(千) 바늘 만(萬) 실끝으로 글을 수(繡) 놓았노라. 동토(東土) 중생이 나를 알아보지 못하고 짚신을 죽은 사람인 줄 알고 땅에 묻는구나.>

　신광(神光)이 보고 나서야 비로소 달마노조(達摩老祖)의 신통력이 광대하고 변화가 무궁함을 알았다. '틀림없이 웅이산(熊耳山)에서 계실것이다. 일심으로 달려가서 뵙고 대도를 구하리라' 하고 드디어 연지(胭脂)를 작별하고 길을 떠나 주야를 가리지 않고 가다가 큰 강가에 이르렀는데, 강이 가로 막혀 건너기가 어려웠다. 신광(神光)이 사방을 둘러 살펴봐도, 사람도 보이지 않고, 또 노조(老祖)께서 이미 다른 곳으로 갔는지도 알 수 없어 이러지도 못하고 저러지도 못하고 난감해 하고 있는데, 달마(達摩)가 그 뜻을 이미 알아차리시고 늙은 어부로 변신하여 강위에서 낚시를 드리우고 있었다.

신광(神光)이 보고 불렀다. "낚시질하는 할아버지, 이 언덕으로 좀 와 주세요." 계속 몇번이고 불렀다. 그때에 늙은 어부가 급할 것도, 바쁠것도 없이 강 기슭에 다다랐다.

신광(神光)이 말하기를, "노인장께서 저 좀 강을 건네주세요."

늙은 어부 말하기를, "언덕은 멀고 강물은 깊은데, 삿대 가진 사람을 찾기 어렵소이다. 자기 자신도 건너 가기 어려운데, 어찌 나그네를 건네줄 수 있겠소?"

신광(神光)이 말하기를, "다른 사람이 건너 간 적이 있었습니까?"

늙은 어부 말하기를, "전에 한 노승(老僧)이 갈대를 밟고 강을 건너 갔는데, 물결이 조금도 일어나지 않았었소. 그대가 때를 놓친 것이 애석할 뿐이오."

신광(神光)이 말하기를. "내가 잘 못해서 놓쳐 보냈으니 뉘우쳐도 돌이킬 수 없습니다. 달마노조(達摩老祖)가 강을 건너 산으로 가셨는지, 다른 곳으로 옮기지나 않으셨는지 알 길이 없습니다."

늙은 어부 말하기를, "그는 산상(山上)에서 타좌(打坐) 하고 있었고 나는 조석으로 이 곳을 떠나지 않았는데, 그가 다른 곳으로 가는 것을 보지 못했소."

신광(神光)이 달마노조(達摩老祖)가 산에 있다는 말을 듣고, 마음이 불같이 타올라, 늙은 어부에게 강을 건네 주기를 청하면서,

무릎을 꿇어 두손으로 땅을 짚고 예(禮)를 올리며 애절하게 고(告)하여 마지 않았다.

늙은 어부가 신광(神光)이 간절한 마음으로 달마(達摩)를 만나기 위해 강을 건너가려고 능히 마음을 낮추는 것을 보고, 드디어 "어선에 오르라"고 하면서, 신광(神光)에게 "눈을 감고 정신을 모으고, 마음을 맑게하고 정좌(靜坐)하고 있으라" 가르치고는, 순식간에 강을 건너갔다. 신광(神光)이 배에서 내렸으나 선물할 만한 것이 아무것도 없어, 다만 수고하셨다 말로만 치하하면서, "제가 이러지도 저러지도 못할 때 저를 건네 주셨으니, 깨닫는다면 당신을 제가 제도하겠습니다. 은혜를 입었으면 당연히 갚아야 한다는 순환의 도리는 진실된 것입니다." 말을 마치고는 이별을 고하였다.

(8) 웅이산(熊耳山)에 도착하여 달마에게 팔을 베어 바치는 신광(神光)

그 길로 곧바로 달려서 웅이산(熊耳山)으로 올라가, 달마노조(達摩老祖)를 뵙고, 사례팔배(四禮八拜)로 참가(參駕)를 마쳤다.

그러나 노조(老祖) 단정히 바로 앉아 꿈쩍도 하지 않고 입을 열어 아무 말씀도 하지 않으시므로, 신광(神光)이 곧 무릎을 끊고 절하며 고하기를, "제자 육안범태(肉眼凡胎)로 노조(老祖)께서 서천에서 오신 뜻을 알지 못했습니다. 무례한 짓을 한 일체 죄과(罪過)는 벼락을 맞고 백골(白骨)이 되어 마땅하오나 바라옵건데, 스승께옵서 자비로 죄를 용서하여 주시고, 은혜를 내려 주소서."

그러나 노조(老祖)께서 오랫동안 허락치 않으심을 보고 신광(神光)이 재삼 애통하고도 간절하게 땅에 꿇어 엎드려 눈물이 뺨에 가득찬 채, 말하기를, "바라옵건대, 스승께옵서 노여움을 푸시고 너그러이 품어주소서. 육안(肉眼)이라 서천(西天)에서 오신 조사(祖師)의 뜻을 알지 못하였으니, 스승께옵서 죄를 용서하여 주소서."

신광(神光)이 이렇게 간절히 매달린지 하루만에 노조(老祖)께서 보시고 비로소 말씀하시기를, "내가 지금, 입을 열어 신광(神光)에게 묻겠노라.

왕사성(王舍城)의 아주 좋은 도장(道場)에서 삼장경서(三藏經書)를 입으로만 담론(談論)한 것이 어떻게 되었길래 나를 뒤쫓아 이곳에 왔는가?"

신광(神光) 말하기를, "신광(神光)이 땅에 꿇어 엎드려 고개를 들지 못하겠나이다. 눈물은 흘러 옷깃을 적시고 제 자신이 정말 걱정됩니다. 바라옵건대, 스승께서는 지나간 말씀일랑 제발 하지 말아주소서. 진인(眞人)을 따로이 찾을 데가 없나이다."

신광(神光)이 꿇어 엎드려 간절하게 애걸한 하루 낮, 하루 밤이 지나 눈(雪)이 허리에까지 쌓였다.

노조(老祖)께서 가엾게 여겨 말씀하시기를, "마음이 청정(淸靜)하고자 하나 청정(淸靜)을 얻지 못하고 뜻(意)이 편안하고 한가롭고자 하나 편안하고 한가로움을 얻지 못하니, 어리석은 마음은 삼계(三界)를 벗어나기 어렵고, 망령된 생각은 반드시 깊은 심연(深淵)에 떨어지리라."

신광이(神光)이 말하기를, "제자 감히 어리석은 마음과 망상으로 부처되고 조사되고 높고 크게 되려는 것이 아니오라, 실은 제 자신 성명(性命)을 마치기 어렵고, 고해를 벗어나기 어렵고, 염군(閻君)을 면하기 어렵고, 지옥을 피하기 어려워서 입니다. 전에 그렇게 소란부린 일은 어찌해야 좋을지 모르겠나이다. 바라옵건데, 스승께서는 자비로서 가르쳐 주시옵소서. 제자 삼가 머리로 땅을 치면서 비나이다."

조사(祖師) 말하기를 "정도(正道)를 구(求)하고자 할진대, 모름직이 좌방(左旁)을 버리도록 하라. 붉은 눈이 허리에까지 찰 때를 기다려 전수(傳授)하리라."

이 말을 신광(神光)이 잘 못 알아듣고 계도(戒刀)를 꺼내 들고 좌방(左膀·왼팔)을 베니 피가 흘러 온 몸을 붉게 적셨다. 노조(老祖)께서 보시고 크게 자비심이 발동하여, 급히 도포 소매 한 자락을 끊어서 신광의 왼팔에 둘러주니, 피가 멈추고 아픔이 싹 가셨다.

조사(祖師) 감탄하면서, "생각하건데, 동토(東土) 중생이 이 같은 심념(心念)이 있으니 가히 진전(眞傳)을 받을 만 하도다." 하시고 드디어 홍서대원(洪誓大願)을 올리라고 분부하셨다.

신광(神光)이 말하기를, "부모가 낳아 길러 주신 큰 은혜를 생각하면 몸을 죽여도 갚기 어렵고, 천지(天地)가 덮어주고 실어줌과 일월(日月)이 비춰주심과, 황왕(皇王)이 수토(水土)를 지켜주심과, 사존(師尊)께서 깨우쳐주심 등 가지 가지 깊은 은혜를 보답할 길이 없나이다. 만일 성심으로 진도(眞道)를 구하지 않고 생사(生死)를 벗어나지도 못하고 오은(五恩)을 보답하지 못한다면, 어찌 이 생(生) 일세(一世)를 헛되게 보내는 것이 아니겠습니까? 이대로 사생육도(四生六道)에 떨어진다면, 언제 다시 이 기연(奇緣)을 만날 수 있겠습니까? 그러하므로 천지신명께서 감찰하여 주시옵기를 간청하나이다. 제자 구도(求道)한 이후 한가로이 두 마음을 가지고 스승을 속이거나 조사를 멸시하면, 영원히 지옥에 떨어져 나오지 않겠나이다."

조사(祖師) 말씀하시기를, "옳도다! 선재(善哉)로다! 바르게 정도(正道)를 닦고자 할진대 모름지기 좌방문(左旁門)을 버려야 하느리라. 그런데 하필 좌방(左膀·왼팔)을 베어 남은 생(生)을 위험하게 망치라고 했겠는가? 붉은 피가 허리에 찰때라 했음은, 마음의 정성됨을 시험한 것이었다. 이제 그 붉은 가사(袈裟)는 기념으로 남아 오래 오래 후세인들을 깨우치리라."

(9) 신광(神光)을 혜가(慧可)라 이름을 바꾸어 주고 전해준 교외별전(敎外別傳)

조사(祖師) 게(偈)로서 이르시기를 "내가 본래 잘못된 길에 빠진 사람들에게 법(法)을 전하려고 동토(東土)에 왔는데, 하나의 꽃에서 다섯 개의 잎파리가 피어 자연히 열매가 맺히리라. 그대를 보니 그 지혜(智慧)가 가상하도다. 이를 취(取)하여 그대의 이름을 혜가(慧可)라 하라." 하시고는 드디어 『여래(如來)의 정법안장(正法眼藏)』을 게(偈)로서 설(說)하여 주시며 혜가(慧可)에게, "정(情)이 있어 씨를 뿌리고, 땅으로 말미암아 열매가 자연히 생긴다. 정(情)이 없으면 누가 씨를 뿌리며, 땅이 없으면 또한 생기는 것도 없으리라." 말씀을 마치고 단정히 앉으셨다.

혜가(慧可)는 말씀을 듣자마자 언하(言下)에 곧 철저히 깨달았는데, 비로소 성(性)을 깨치려면 명(命)을 전해 받는 것이 진정한 최상의 일승묘체(一乘妙諦)인 것을 알았다. 곧 즉시 정례(頂禮)로서 사은례(謝恩禮)를 마치고, 재배(再拜) 올리며, "은사(恩師)시여, 자비하셔서서『좌방(左旁)』두 글자를 뚜렷이 가르켜 주소서."

(10) 술(術)·류(流)·동(動)·정(靜)과 좌도방문(左道旁門)

조사(祖師) 말씀하기를, "도(道)에는 삼천 육백 방문(三千六百旁門)과 칠십이종(七十二種)의 좌도(左道)가 있는고로 이를 좌도방문(左道旁門)이라 하는데, 이는 모두 술(術)·류(流)·동(動)·정(靜)의 네가지 사과방문(四果旁門)이 된다. 오직 나의 하나로 꿰뚫는 선천대도(先天大道)는 유(儒)·불(佛)·선(仙) 삼교가 합하여 한 근원을 이루는 삼교합일(三敎合一)의 둘도 없는 불이법문(不二法門)이다."

혜가(慧可)가 묻기를, "무엇이 술(術)·류(流)·동(動)·정(靜)의 네가지 사과방문(四果旁門)입니까?"

노조(老祖)께서 말씀하시기를, "**술(術)**은 술법(術法)으로서, 무릇 부적(符籍)을 쓰고 주문(呪文)을 외우는 것이나, 운무(雲霧)를 타고 오르는 것이나, 공중을 날고 허공을 걷는 것이나, 별을 밟고 걸어 다니는 것이나, 우뢰를 불러다 장수로 부리는 것이나, 콩을 흩뿌려 병졸(兵卒)을 만드는 것이나, 오행(五行) 기운으로 둔갑(遁甲) 변화하는 것이나, 현상을 나타나도록하여 몰래 달아나는 것 등 일흔 두가지 종류의 법술(法術)은 술법(術法) 자체로만 끝나는것으로서, 모두가 다 생사(生死)를 벗어날 수도 없고 생사도 마칠 수 없는 것으로서 정법(正法)이 아니다.

류(流)란 주류(週流)로서 두루 흐름을 말한다. 온 천하를 구름처럼 떠돌아 다니며 산(山)이나 우상(偶像)에 절하는 것이나, 이익을 위하여 사방으로 탁발하러 다니는 것이나, 외관 형상에만 치우쳐 절이나 짓고 탑을 세우는 것이나, 의생(醫生)·점장이·점성가·관상가와, 수(數)를 헤아려 추측하여 과거·미래·길(吉)·흉(凶)·화(禍)·복(福)을 귀신처럼 영험(靈驗)있게 잘 알아 맞추는 것이나, 구류(九流)인 유(儒)·도(道)·음양(陰陽)·법(法)·명(名)·묵(墨)·종횡(縱橫)·잡(雜)·농(農)의 아홉 학파와, 유(儒)·불(佛)·선(仙) 삼교, 여러 가지 학설(學說)을 쏟아내는 제자백가(弟子百家)의 뭇 학파(學派) 등(等)은 입으로만 삼매경(三昧境)을 읊는 것으로, 이는 그저 문장과 말에 불과하여 말뿐, 실상(實相)은 속이 텅빈 것이다. 이를 모두 류도(流道)라 하는데 그 모두 생사(生死)를 벗어날 수도 없고 생사를 마칠 수도 없는 것으로서 정법(正法)이 아니다.

동(動)이라고 하는 것은, 움직이는 행동(行動)을 말하는데, 무릇 당수(唐手)와 같은 무술(武術)이나, 내공(內功)을 배우는 팔단금(八段錦)의 건강술(健康術)을 익히는 것이나, 요술(妖術)로 남모르게 물건을 취(取)하는 반운법(搬運法)을 익히고 입으로 머금고 토(吐)하는 기술(技術)을 쓰는 호흡법(呼吸法)과, 손바닥을 문지르고 주먹을 부비며 등을 볕에 쪼이고 눈망울을 거꾸로 돌리며 남몰래 다니면서 음침한 사술(邪術) 쓰는 것이나, 안개와 기운(氣運)을 들이마시는 것이나, 채약(採藥) 연단(煉丹)하여 장생불사약(長生不死藥)을 만드는 내공(內功) 공부(工夫)하는 것이나, 사람의 젖을 먹고 정액(精液)을 삼키며, 꼼짝하지 않고 한쪽 발로 서 있거나, 꿇어앉은채로 뛰는 것이나, 기(氣)를 운전(運轉)하며 운기공부(運氣工夫)하는 것 따위는 일체가 억지로 만들어지며 억지로 행하여지고 형상과 모양이 있는 도(道)이기 때문에 생사(生死)를 벗어날 수도 없고 생사(生死)를 마칠 수도 없는 것으로서 그러므로, 정법(正法)이 아니다.

정(靜)이라고 하는 것은, 소리도 움직임도 없는 고요한 정적(靜

寂)을 말한다. 무릇 암자에 숨거나 동굴에 들어가고, 고요히 앉아 공(空)을 보고, 숨을 헤아리며 염(念)을 그치거나, 곡식(穀食)을 먹지 않고 단식(斷食)하며 몸을 단련(段煉)하고, 이환궁(泥丸宮)을 지켜 연신(煉神)을 하거나, 미려(尾閭)인 꽁무니 뼈를 지켜 연정(煉精)을 하거나, 곡도(穀道)인 항문(肛門)을 지키거나, 배꼽이나 단전을 지켜 연기(煉氣)를 하거나, 눈으로 코를 보고, 코로 심장을 보거나, 혈심으로 황정(黃庭)을 짚고, 간(肝)과 폐(肺)를 용호(龍虎)라 하고, 심장(心臟)과 콩팥(腎臟)을 감궁(坎宮)과 이궁(離宮)으로 삼거나, 두 젖가슴 사이를 중심(中心) 삼아 지키거나, 성(性)은 닦지만 명(命)은 닦지 않고, 명(命)은 닦지만 성(性)은 닦지 않는데, 이 모두는 양(陽)도 짝이 없고 음(陰)도 홀로 되어 음양(陰陽)이 화합(和合)을 이루어 어울리지 못하므로 눈먼 봉사를 자처하며 눈감고 덮어놓고 닦는 도(道)이므로, 생사(生死)를 벗어날 수도 없고 생사(生死)를 마칠 수도 없는 것으로서 정법(正法)이 아니다. 또한 원채(冤債)가 깊고 죄얼(罪孽)이 무거운 무리들이 비록 구도(求道)하여 대도(大道)에 들어 왔다 해도 천명(天命)의 장엄(莊嚴)하고 귀중(貴重)함을 알지 못하고 조금도 마음을 낮추는 일이 없으며, 한 오라기만한 공(功)을 잡기라도 하면 스스로 자만(自慢)해져서 유능(有能)하다고 생각하여 제 스스로 사존(師尊)이라고 하고 조사(祖師) 노릇하며 종파(宗派)를 따로 세워 갈라져나와 문호(門戶)를 달리하여 세상(世上)을 속이고 사람들을 공갈(恐喝)하니, 그 죄(罪)가 막대하다. 어떻게 삼계(三界)를 초승하고 생사(生死)를 마칠 수 있으랴! 이 또한 정법(正法)이 아니다. 그대는 분발하여 원(願)대로 행(行)하라."

(11) 삼교합일(三敎合一)과 오훈채(五葷菜)

혜가(慧可)가 말하기를, "좌도방문(左道旁門)이 사람의 생사(生死)를 그르침은 죄(罪)가 중(重)하고 극악(極惡)하나이다. 제가 과오를 알았으니 반드시 고치고, 감히 망령된 짓을 하지 않겠습니다. 바라옵건대, 사존(師尊)께서는 입도(入道)하는 길과 착수(着手)하는 공정(工程)을, 어디에서 몸을 일으키고 어디에서 발길을 멈추어야 하는지, 분명하게 지시하여 주시옵길 비나이다."

노조(老祖) 말씀하시기를, "도(道)로 들어가는 길은 삼귀(三歸)와 오계(五戒)를 지키는 것이고, 공부의 시작은 현관(玄關)을 하나로 꿰뚫어 일관(一貫)해야 하고, 몸을 일으키기는 일삼오(一三五)에서 하고 발길은 구전단(九轉丹)에서 멈추라."

혜가(慧可) 말하기를, "삼교(三敎)가 하나로 합해질 수는 없습니까?"

노조(老祖) 말씀하시기를, "유(儒)·불(佛)·선(仙) 삼교(三敎)가 본래 하나였는데 중생들이 이를 셋으로 나누었다. 삼교(三敎)가 하나로 합해지는 이치를 밝히려면, 마땅히 일삼오(一三五) 수(數)를 본받아 행(行)해야 할 것이다."

혜가(慧可)가 묻기를, "무엇을 일삼오수(一三五數)라 하나이까?"

노조(老祖) 말씀하시기를, "일(一)은 하나로 꿰뚫는다는 것이다. 『삼교합일(三敎合一)』은 곧 천만가지가 끝내 돌아가 결말 짓는, 사람 몸 가운데의 한 구멍 일규(一竅)이다. 그러한고로, 도(道)에는 포원수일(抱元守一)이 있고, 불(佛)에는 만법귀일(萬法歸一)이 있고, 유(儒)에는 집중관일(執中貫一)이 있는데, 이는 모두가 똑같은 도리(道理)인 것이다.

　하늘이 첫째로 물(水)를 낳으니, 감(坎)괘에 속한다. 진양(眞陽)이 음(陰)의 한 복판에 빠져 본래 고향으로 돌아가지 못하므로, 한 구멍 일규(一竅)를 밝혀야 하는데, 이괘(離卦)의 수은(汞)을 관개(灌漑)하여 움직이게 하고, 감괘(坎卦)의 납(鉛)으로 하여 금 위로 오르게 하면 수(水)·화(火)가 이미 고르게 되어 선천(先天)으로 돌아갈 수 있게된다. 반드시 일신(一身)의 원기(元氣)를 모두 거두어 들이면『일성(一性)』가운데로 복귀(復歸)되어 옥수수 낟 알갱이 같은 단(丹)과 사리(舍利)가 맺히리라. 공부(工夫)는 일심(一心)으로 한결같이 해야지, 절대로 잡념을 일으키거나 하여 낭비해서는 안된다.

　삼(三)이란 세집(三家)을 말한다. 일성(一性)이 셋(三)으로 나뉘어 인신(人身)의 정(精)·기(氣)·신(神) 삼보(三寶)가 되었다. 그런고로, 도(道)에는 삼청(三淸)이 있고, 불(佛)에는 삼귀(三歸)가 있고, 유(儒)에는 삼강(三綱)이 있는데, 이는 모두가 똑같은 도리(道理)이다.

　하늘이 세 번째로 나무(木)를 낳으니 진(震)괘에 속한다. 진양(眞陽)이 밑에 숨겨져 있어 본래 고향으로 돌아가지 못하므로, 한 구멍 일규(一竅)를 밝혀야 하는데, 서쪽집 총각을 북돋아 주고 동쪽집 처녀를 즐겁게 모이게 하면, 금(金)·목(木)이 합병케 되어 선천(先天)으로 돌아갈수 있게 된다. 반드시 삼가(三家)의 진보(眞寶)를 모두 거두어 들이면『일성(一性)』가운데로 복귀(復歸)되어 정(精)·기(氣)·신(神) 삼화(三花)가 마정수기처(摩頂授記處)에 알뜰하게 모여 단단하게 이루어지리라. 공부(工夫)는 삼귀(三歸)를 청정(淸淨)하게 해야지, 절대로 삼염(三厭)으로 더럽게 흩어지게 해서는 안된다.

오(五)란 오원(五元)을 말한다. 인신(人身)에 있어서, 심(心)·간(肝)·비(脾)·폐(肺)·신(腎) 오장(五臟)이 되었다. 그런고로, 도(道)에는 오행(五行)이 있고, 불(佛)에는 오계(五戒)가 있고, 유(儒)에는 오상(五常)이 있는데, 이는 모두가 똑같은 도리(道理)이다.

하늘이 다섯 번째로 토(土)를 낳으니 이것이 중앙(中央) 무기토(戊己土)인데, 위아래 상(上)·하(下)로 흩어져 본래 자리로 돌아가지 못한다. 한구멍 일규(一竅)를 밝히고, 호흡을 고르게 돌리면 무(戊)가 움직이고 기(己)가 좇아, 무기(戊己)가 어울려서 이토(二土)가 되어 도규(刀圭)가 맺혀 선천(先天)으로 돌이킬 수 있게 된다. 반드시 오장(五臟)의 정화(精華)를 모두 거두어들이면 『일성(一性)』가운데로 복귀(復歸)되어 오기(五氣)조원(朝元)이 단단하게 이루어지리라. 공부(工夫)는 오계(五戒)를 정미롭게 엄격하게 지켜야지, 절대로 오훈채(五葷菜)에 처밀려 흩어지게 해서는 안된다."

혜가(慧可)가 묻기를 "무엇을 오훈채(五葷菜)라 합니까?"

노조(老祖)께서 노래하여 말씀하시기를,

"이 오훈채(五葷菜)는 풀 가운데 장군(將軍)이며 기미(氣味)가 흉험(凶險)하다.

파(葱), 마늘(蒜), 부추(韭), 달래(薤), 무릇(興渠)등 다섯가지로서 이것들은 성질이 한쪽으로만 치우쳐 있다.

무릇(朋·담배를 지칭하기도 함)을 먹으면 폐(肺)가 상(傷)하고 폐장(肺臟)이 상(傷)하면 금기(金氣)를 내쫓아 흩어지게 한다.

부추(韭)는 간(肝)을 상(傷)하게 하고 목기(木氣)를 잡아서 모두 소모되게 한다.

파(葱)는 콩팥을 상(傷)하게 하고 수기(水氣)를 잡아서 모두 밖으로 내쫓아 버린다.
　마늘(蒜)은 심장을 상(傷)하게 하고 화기(火氣)를 잡아서 모두 없애버린다.

　달래(薤)는 비장(脾臟)을 상(傷)하게 하고 토기(土氣)를 잡아서 피곤하여 졸리게 한다.
　이 다섯가지의 오기(五氣)가 상처를 받으면 어떻게 단(丹)과 사리(舍利)가 맺히리요!

　수행인들은 이 오훈(五葷)을 끊는 것이 정전(正傳)이라.
　오계(五戒)를 잘 지켜야 비로소 연마(煉磨)되어 오기조원(五氣朝元)이 될 것이다."

(12) 오계(五戒)

　혜가(慧可)가 말하기를 "오계(五戒)의 이치를 제자가 아는 것이 적어 자세히 알지 못하오니, 바라옵건데, 스승께서 제자가 확실히 알 수 있도록 하여주소서."
　노조(老祖) 노래로 말씀하시기를,

　"**살생(殺生)**을 하지 말라 한 것은 원래 인덕(仁德)을 근본 삼아야 하기 때문이다.
　상천의 호생지덕(好生之德)을 본받아 생명을 죽이지 말고 방생(放生)하라.

사람이 인회(寅會)에 동토에 태어나 오래도록 곤고(困苦)한 가운데 깊히 파묻혀
　사람이 죽어 짐승이 되고, 짐승이 죽어 사람이 되고 죽고 또 죽고 태어나고 또 태어나고,

　구원겁(久遠劫)을 거치는 동안 미매(迷昧)하여 많은 허물을 만들었으니
　사람이 짐승을 먹고 짐승이 사람을 먹으니 너무나 불쌍치 않은가?

　사람이 도(道)를 얻으려하는 것은 서천(西天)으로 돌아가 극락경계(極樂境界)에 초생(超生)하려 함이니
　원채(冤債)를 갚지 못했을 때의 상황은 설명하기 조차 어렵고, 마친다 하더라도 이룰 수 없노라.

　모름지기 산 생명을 방생(放生)하여 원채(冤債)가 소멸되도록 하라.
　그렇지 않으면 원얼(冤孽)이 거미줄처럼 몸에 감길 것을 두려워 하라.

　살생을 경계하지 아니하면 천량(天良·타고난 양심)이 손상(損傷)되어 얼채(孽債)가 더욱 깊어질 것이니
　비록 부처님의 자비가 있다 한들 어찌 원얼(冤孽)이 그 자비를 인정하고 빚을 받지 않으려 하겠는가?

　원얼(冤孽)이 본성(本性)의 규(竅)에 침입하면 뜻이 뒤로 물러

나 도(道)를 잡고 있으면서도 신심(信心)이 일어나지 않으므로
　좋은 법연(法緣)을 잃어버리게 되는데 법연(法緣)은 한 번 잃어 버리면 만겁(萬劫)을 지나도 다시 찾기 어렵다.

　저 겁운(劫運)이 어디에서 일어났는가 자세히 평론(評論)해 보라.
　하늘이 내신 동물을 어찌 차마 잔혹하게 죽이겠는가?

　모든 세상 사람들이 흉악한 행동만을 일삼아
　독(毒)으로 고기를 잡고 짐승을 살상(殺傷)하여 원얼(寃孽)을 짓는 죄가 가볍지 않도다.

　천상(天上) 상황(上皇)께서 법률을 정하여 겁운(劫運)을 세상에 내리시니
　마왕들이 칙명을 받고 온 세상에 벌떼 같이 일제히 일어나서

　네가 그를 죽이면 그가 너를 다시 죽이게 되어, 겁살이 쉴새 없이 풀어져 나온다.
　수행인들이 생명을 불쌍히 여기지 않으면 죄가 열배나 무거워진다.

　유(儒)는 충서(忠恕)·불(佛)은 자비(慈悲)·도(道)는 감응(感應)
　이 여섯글자를 마음 깊이 새겨 두고 자신을 미루어 남에게까지 미치게 하라.

천심(天心)을 본받고 인심(人心)을 미루어 물성(物性)에 까지 미치도록 하면
　　이미 내가 이뤄지고 또 남도 이뤄지게 하리니 어찌 이것을 가볍게 보겠는가?

　　초목(草木)도 함부로 꺾으면 기혈(氣血)이 상(傷)하여 모두 죄(罪)가 되는데
　　하물며 입과 배를 탐하여 생명을 살해(殺害)함에 있어서는 어떠하겠는가?

　　살생(殺生)을 금하는 이치(理致)는 까닭이 많아 말로 다 하기 어렵도다.
　　다시 투도계(偸盜戒)를 분명하게 일러 주리라.

　　도둑질을 하지 말라 한 것은, 원래 의기(意氣)를 중(重)히 여겨야 하기 때문이다.
　　절대로 편견(偏見)을 가지지 말고 각박한 마음을 두지 말라.

　　남자는 심지(心志)가 밖에 있고 여자는 심지(心志)가 안에 있으나 본래는 평등한 것이다.
　　각자 자기의 할 일을 다하여 망령되이 구하지 않으면 가히 지인(志人)의 수(數)에 들어 헤아림을 받을 것이다.

　　건(乾·남)·곤(坤·여)간에 모두 단정(端正)하고도 더 단정(端正)하기를 배워
　　망령되이 탐하지도 망령되이 갖으려 하지도 말고 청렴결백(淸

廉潔白)하라.

한 포기의 풀이나 한 푼의 돈도 가져야 함에 각기 분수가 있고
한 오라기 실이나 한 마디의 새끼줄에 어찌 주인이 없으랴.

혹 물건을 사거나 팔 때 마음을 공정하게 써야 하나니
남의 재물을 속여 취하면 오래지 않아 스스로 죄명(罪名)을 만나리라.

무엇이 두려우랴! 금(金)과 은(銀)이 태산처럼 가득 쌓여 있던
항상 몸가까이에 재물이 있던, 눈앞에 닥치던, 털끝만큼도 마음이 움직이지 않는다면.

혹, 취(取)할 일이 있더라도 함부로 하거나 속임수로 속여 취해서도 안된다.
만약 함부로 취하다가 의기(義氣)를 상하면 성인의 도(道)에서 벗어난다.

불문(佛門)에 들어 대도(大道)를 닦고 삼귀(三歸)오계(五戒)를 청정하게 지키는 것이
어찌 소인배(小人輩)들의 한바탕 버릇없는 행동과 비교될 것인가?

티끌 세상의 떠들썩하고 왁자지껄 거리는 무수한 사람들.
재물을 탐하지도 않고 금은(金銀)을 움켜쥐지 않으려는 이 하나도 없네.

눈을 감고 가만히 상·중·하(上·中·下) 무리등(等)을 생각해 보니
대개가 미혹(迷惑)에 들어 복음(福音)을 아는 이가 헤아려 보려해도 없구나.

말하지 말라. 도둑만이 천량(天良·타고난양심)을 잃어버렸다고.
도둑질하지 않은 이도 돌아보면 돈을 탐하지 않는 이 없다.

말하지 말라. 세속 사람들 너무 욕심 부린다고.
수행인들도 돈만 생긴다면 마음이 헷갈리노라.

이 재물『재(財)』자는 헤아려 보건데 혼백(魂魄)을 현혹시키는 진지(陣地)이므로
이후로는 계율을 엄수하여 잘못든 길에서 뛰쳐 나가라.

수행인은 스물 네시간 부지런히 공(功)을 잡아 돌리라.
털끝 만치도 탐하지 말고 털 끝만치도 물들음 없이, 본성(本性)을 참되게 함양(涵養)하라.

공(功)을 이루면 온 몸에 둘린 보배를 써도 써도 못다 쓰리니
성찬(聖餐)을 먹고 성의(聖衣)를 걸치고 쾌락 긴 봄날 같으리로다.

삿된 음행(邪淫)을 경계하라한 것은, 원래 예절(禮節)이 근본이기 때문이다.

절대로 욕념(欲念)이 일어나지 않도록 절제하고 금하라.

남자는 정절(貞節)을 지키고 여자는 청결(淸潔)을 지키기를 원숭이와 말을 꽉 붙들어 매듯이 하여
반드시 염치심(廉恥心)을 항상 마음 둥우리에 간직하라.

마음(心)은 입(口)에 물어보고, 입은 마음에 물어보고 스스로 근엄하고 스스로 근신하여
털끝 만치도 범정(凡情)을 생각치 말고 그 싹을 벨진데 뿌리까지 뽑아라.

천지간(天地間)에 오직 금수(禽獸)의 자(雌)웅(雄)이 어지럽게 섞여져
수치도 모르고 음란하게 어울리며 지르는 그 추악한 소리 도저히 귀로 들을 수 없노라.

사람이 만물의 으뜸이 된 것은 염치(廉恥)와 절제(節制)가 있기 때문인데
만약 근친(近親)으로 상간(相姦)한다면 비록 사람이라 하더라도 짐승만도 못하리라.

유하혜(柳下惠)는 양심을 지켜 혼자 있을 때도 조심하였고
노남자(魯男子)는 문(門)을 닫고 미인이 지나가도 보지 않았다.

대도(大道)에 들어 온 것은 모두가 선연(仙緣)이 있음이며
노모(老母)의 구십육억(九十六億) 황태원자(皇胎原子)이기 때

문이다.

　인회(寅會)에 동토(東土)에 떨어져 육만년(六萬年)이 되었는데, 장(張)씨 아들로 태어나기도 하고 이(李)씨집 딸로 태어나기를 쉼없이 거듭하여 바뀌었다.

　삼기(三期) 이르러 중생 제도 문(門)이 열려 고향 돌아갈 길 알리니
　구십육억(九十六億)모두 집으로 돌아가 어머니를 뵙도록 하라.

　수행인(修行人)들은 골육지친(骨肉之親)이며, 영산(靈山)의 한 핏줄이며
　본래 한 어머니 소생인데 어찌 육정(肉情)에 얽혀 상간(相姦)할 수 있으리오!.

　이미 수행(修行)할진대 음욕(淫慾)을 잡아 단 한칼에 싹뚝 잘라 없애버리고
　미모(美貌)가 서시(西施)같다 하더라도 봐도 보지 않듯이 하며,

　항상 두려워하되 이리와 호랑이·뱀과 전갈이 악랄하듯이 대하고
　두려워서 벌벌 떨기를 깊은 연못가에 서 있는 듯, 엷은 얼음을 밟는 듯 하라.

　능히 계행(戒行)이 정미(精微)한 곳에까지 이르러 음욕(淫慾)이 자취도 없고 그림자도 없게 되면

선불(仙佛)을 이루기가 나의 장중에 있으리니, 어찌 불가능한 일이겠는가?

이 음욕(淫慾)은 도(道)를 망치는 제일 무서운 마귀며, 온갖 병(病)을 일으키는 근원이다.
말들은 쉽게 하나 실행하는 사람은 드물고,

외면상으로는 혹 도(道)를 깨달은 것과 같으나
속을 들여다 보면 너무나도 엉큼해 축생만 못하다.

이것을 염두(念頭)에 두고 건곤(乾坤) 남녀(男女)들 가슴에 손을 얹고 스스로에게 물어 보라.
그 실상을 살펴보건데 도(道)를 망치는 것이 모두 이 사음(邪淫)에 있도다.

색(色)에서 태어나서 색(色)으로 죽어가나 꿈결같이 달콤하여 깨어나지 못하고
깨어나서도 깨닫지 못하고 깨달았으나 깨어나지 못하니, 어리벙벙 맥이 하나도 없다.

불안한 마음 들게 하는 것은 산(山)처럼 쌓인 시체더미와 언덕처럼 쌓인 마른 뼈.
원래는 선불(仙佛)들 이셨는데 티끌 인간세상 떨어져 색(色)을 아끼지 않아 그리되었구나.

큰 지향을 가진 사람들이여! 염두(念頭) 세우기를 철석(鐵石)

같이 단단히 하라.
　그리고 항상 깊이 새겨 색(色)이 공(空)임을 한결같이 하라.

　그렇게 오래 오래 행하여 지켜가면, 인상(人相)·아상(我相)등 사상(四相)이 모두 깨끗해지고
　나의 본래 면목(本來面目)으로 다시 돌아와 마음의 본체가 완벽하게 밝아지리라.

　이 사음계(邪淫戒)는 아이들 장난이 아니니, 모름지기 마땅히 근신(謹愼)하라.
　다시 주육계(酒肉戒)를 대략 확실하게 설명하겠다.

　술(酒)과 고기(肉)를 먹지 말라 한 것은, 본래 청(淸)과 탁(濁)을 섞지 말라한 것이니
　육식을 멀리하고 좋은 술과 맛있는 요리를 끊는 것은 탁(濁)을 떼어버리고 청정(淸淨)케 함에 있다.

　절대로 입과 배를 탐하여 진성(眞性)을 어지럽혀 미혹되게 말라.
　오백계(五百戒)중에 술(酒)이 첫머리이니, 그대는 가볍게 보지 말라.

　저 술(酒)이란 물건은 비록 물(水)이지만 독기(毒氣)가 너무나 심하여
　세잔만 배안에 들어가도 얼굴이 붉어지고 마음이 혼미하여진다.

마시고 취하면 미친 사람처럼 갈피를 못잡고 인사불성(人事不省)이되어
　　예의염치(禮義廉恥)와 덕(德)있는 행동 모두 사라져 버리고 흉폭(凶暴)한 기(氣)만이 쏟아져 나와,

　　그렇게되면 친한 사람들이거나 아니거나 몰라 보고
　　입으로 욕하고 손으로 치면서 어린 사람을 학대하고 어른을 업신 여기게 되고

　　높은 사람이거나 낮은 사람이거나 생사(生死)나 성명(性命)까지도 돌보지 않고
　　허물이 일어나 하늘 재앙에 휩싸이니 법(法)에 어찌 사정(私情)이 있으랴!

　　술(酒)이 깨어 끝내 후회한들 후회는 너무나 늦다.
　　어찌 일찍 뜻을 세워 술(酒)을 입술에 적시지 않음만 하랴!

　　우왕(禹王)이 맛좋은 술(酒)을 싫어하고 선(善)한 말을 기뻐했던 것을 본받으라.
　　술(酒)의 혼란(混亂)스러움은 아무것도 이에 미치지 못한다한 것은 공자께서 마음 모으는 법을 가르치신 것이다.

　　더구나 술(酒)은 오장(五臟)을 뚫는 독(毒)으로 삼보(三寶)를 손상시키고
　　나라도 무너뜨리고 집안도 망치는 모든 화근(禍根)이 된다.

속가(俗家) 사람들도 경계함에 두려워하고 근신하는데
하물며 청결(淸潔)한 귀계(歸戒)를 지키기로 뜻을 세워 수행(修行)하는 사람에 있어서는 말할 필요도 없다.

포도주 따위의 단술이라도 대수롭지 않은 것이라 말하지 말라.
염(念)이 끊어지지 않으면 심신(心身)에서 일어나는 혼란(混亂)도 마칠 수 없다.

고기 등 육식(肉食)과 마늘 등 오훈채(五葷菜)가 최고로 맛있는 식품이라고 말들을 하지만
잡아먹은 짐승들을 천도(薦度)할 공력(功力)이 있을지라도 어찌 감히 먹고 삼킬 것인가.

만일 잡아 먹힌 짐승들의 원한을 풀어주지 못하면 원수 갚으려고 저승에서 기다리나니
염라국(閻羅國)에서 여덟량을 한 근으로 갚으라고 판결을 내린다.

고기 『육(肉)』자가 아래위로 두 사람이 얽혀 올라타고 있는 것이 무슨 뜻인가?
사람이 그것을 먹고 다시 사람이 갚아야 한다는 이치가 담긴 말이다.

사람은 천지의 청기(淸氣)를 받아서 본성(本性)이 이루어졌고
짐승은 천지의 탁기(濁氣)를 받아 그 몸이 이루어진 것이다.

도(道)를 깨치려면 탁기(濁氣)는 완전히 떼어버려 없애야한다.
　탁기(濁氣)가 없어져야 만이 비로소 청기(淸氣)가 올라오는 것을 깨달아 알게 되리라.

　망령된 말을 하지 말고, 신실(信實)을 본(本)으로 삼으라.
　사람을 만날 때 절대로 겉치레 빈말을 하지 말라.

　말(言)에도 표준이 있고 행동(行動)에도 법(法)이 있는데, 바로 충성(忠誠)과 신실(信實)과 돈독(敦篤)과 공경(恭敬)이다.
　이같이 하면 오면서도 맑아지고 가면서도 밝아져 의심이 생기지 않는다.

　세속인은 한바탕 감언이설 논리(論理)로
　바람(風)이라고 말했다가, 다시 비(雨)라고 말하면서 뭇 사람들을 터무니 없이 속인다.

　동쪽에서는 좋다 말하고 서쪽에서는 나쁘다 말하며, 좋고 나쁨을 다 이야기 하니,
　얼굴은 자비로우나 마음은 악독(惡毒)하고 부처님 입이지만 독사(毒蛇)마음을 지녔구나.

　혀(舌)는 칼처럼 사람을 쳐 죽이려함에 달아나 숨을 곳이 없고
　뜻(意)은 검(劍)같이 사람의 목을 치려함에 어른·아이 가리지 않는다.

　나만이 배부르고 따뜻하고 편리하고 안온한 것만 도모하고

다른 사람이야 쓰던 달던 전혀 생각하지 않는다.

이 세상이 그런 창칼로 얽힌 것은 어물쩍 살아나가는 그와 같은 부랑자들 때문이니
저승에 가면 심간(心肝)이 짤리고 혀가 뽑힌다.

수행인은 허튼소리 하지말고 말마다 믿음이 있어야 하나니
감언이설은 일체 한마디도 남김없이 깨끗이 소제하라.

사람들을 만날때는 효(孝)·제(悌)·충(忠)·신(信)을 이야기하고
예의(禮義)와 염치(廉恥)를 말하여 사람들을 좋게 선도하라.

패륜(悖倫)한 사람을 효(孝)로써 권하고, 음란(淫亂)한 사람을 정절(貞節)로써 권하고, 삿된 사람을 정법(正法)으로 권하고
어리석은 사람을 어짊(賢)으로써 권하고, 악(惡)한 사람을 선(善)으로서 권하여 인심(人心)을 잡아서 돌이키도록 하라.

어디든 가는 곳마다 권하여 사람 사람마다 믿고 따르도록 하면,
사악(邪惡)한 사람도 없어지고 못된 사람도 없어지고 흉악하고 횡포한 사람도 없어져 세상은 자연히 평화로와질 것이다.

하늘과 땅 모든 만물은 신(信)으로써 근본을 삼나니
만약에 신(信)이 없다면 어디에 세계 인륜(人倫)이 있겠는가?

하늘에 신(信)이 있어 해와 달과 별이 북두(北斗)를 한결같이 향하고 있고
땅에 신(信)이 있어 물과 불과 바람이 곤륜(崑崙)을 향해 한결같이 돌고 있으며

해(年)에도 신(信)이 있어 사계절 때에 따라 따뜻하고 서늘하고 춥고 더우며
달(月)에 신(信)이 있어 매달마다 초하루·보름 삭망(朔望)을 되풀이 하여도 터럭끝 만큼의 오차가 없고

날(日)에도 신(信)이 있어 스물 네시간 자오(子午)를 기준하여 틀림없고
시(時)에도 신(信)이 있어 시간마다 팔각 오분(八刻五分)이며

괘(卦)에도 신(信)이 있어 건(乾)·곤(坤)·감(坎)·리(離)가 정하여져 있으며
신(信)은 토(土)에 속해있어서 오상(五常)을 꿰뚫고 오행(五行)을 일관(一貫)하노라.

하늘과 땅과 해(年)와 달(月)과 날(日)도 신(信)에 따라 운행되고
만물과 인류(人類)들도 신(信)의 감응으로 나온것이다.

수 없이 낳고 화(化)하고, 수 없이 화(化)하고 태어남에 낱낱이 한 일신(一信)이 있게 되나니
만약 신(信)이 없다면 화(化)하려 하여도 화(化)하지 못하고

낳으려 해도 낳지 못한다.

　오계(五戒)는 정엄(精嚴)하게 오행(五行)과 병합되어 있는 것이다.
　다시 또 삼화(三花)를 모으려면 반드시 삼염(三厭)을 깨끗이 없애버려야 한다."

(13) 삼염(三厭)

　혜가(慧可)가 여쭙기를 "무엇을 삼염(三厭)이라고 합니까? 사존(師尊)께서 밝게 지시하여 주소서."
　노조(老祖)께서 말씀하시기를,

　저 염(厭)자를 "옛적에 창일부자(倉頡夫子)께서 거울에 비추듯 밝게 지었는데
　날일(日)자를 사음(四陰)의 한 복판에 두었다.

　위로는 비낀 음기(陰氣), 아래로는 달(月) 음기(陰氣), 왼편은 삐친 음기(陰氣), 바른 쪽은 개(犬) 음기(陰氣)이다.
　이 개(犬)는 천구(天狗)로서 해와 달을 먹어 버린다.

　이 삼염(三厭)은 삼화(三花)를 약탈해 가는데 원래 삼염(三厭)은 세가지 종류의 족속(族屬)이다.
　날라 다니는 새는 몸을 옆으로하여 하늘을 가로질러 나르니 이것이 천염(天厭)의 근원이 되고,

달리는 짐승은 몸을 옆으로하여 가로질러 달리는데 이를 지염(地厭)이라 하고

수족(水族)은 수염(水厭)이라하는데 몸을 옆으로하여 물속을 가로질러 헤엄친다.

수행인(修行人)들은 순양(純陽)을 단련하여 음기(陰氣)를 범(犯)해서는 안된다.

오곡(五穀)은 몸이 꼿꼿하고 길어 땅에 서서 하늘을 머리에 이고 있다.

그런데 삼염(三厭)들은 모두가 허망한 육체를 지녀 불쌍한데, 거기에다 잡아서 또 씹어 먹는다면 그 또한 가엾질 않는가?

삼화(三花)를 단련하고 삼귀(三歸)를 지켜야 비로소 진전(眞傳)을 얻을 수 있으리라."

(14) 삼귀의(三**歸依**)

혜가(慧可)가 여쭙기를, "삼귀의(三歸依) 이치(理致)는 제자가 대략은 아는데 자세히 모르겠사오니, 바라옵건데 스승께서 다시 한 번 가르쳐 주소서." 노조(老祖)께서 노래로 말씀하시기를,

"**귀의불(歸依佛)**이란 부처님께 귀의(歸依)하여 자비심을 내고 항상 맑고 고요한 것을 말하는 것이니

부지런히 힘써 본래면목(本來面目)과 무자진경(無字眞經)을 깨칠 것이며,

부귀(富貴)와 세속의 물거품 현상에 매달리지 말고
 은애(恩愛)와 홍진(紅塵)의 아름다운 인정(人情)을 그리워 하지 말라.

 주(酒)·색(色)·재(財)·기(氣)를 단 한 칼로 베어 없애버리고
 한 덩어리 배워 마친 대장부(大丈夫)되어 범진(凡塵)의 세계에서 뛰쳐 나가라.

 사람이 나를 치거든 손으로 받아치지말고 『미타(彌陀)』염불(念佛)하며 정(定)에 들라.
 사람이 나를 꾸짖거든 입으로 대꾸하지 말고 연성(連聲) '허허' 웃기만 하라.

 사람들이 나를 해치려거든, 도리어 지당한 듯이 그들을 존경하라.
 나를 질투하거든, 도리어 지당한 듯이 그에게 정(情)을 베풀라.

 나를 비방하거든 도리어 지당한 듯이 좋은 말로 그를 공경하라.
 나를 기압(欺壓)주거든 지나치게 그를 떠받치며 존경하라.

 사람을 만나거든 좋은 말로 간곡하게 타일러서 이야기 해주고
 현(賢)·우(愚)를 분간하여 사람에 따라 기회를 보며 정답게 가르치라.

 항상 옛 선불(仙佛)들의 동정(動靜)이 어떠했었나를 궁구(窮

究)하라.

　부처님이 남기신 자취를 그대로 배우지 않고 어찌 능히 생(生)을 벗어날 수 있으리.

　부처님, 부처님이라는 그 부처님은 원래가 진세(塵世)의 인연을 내던져 모두 없애신 분들이시지
　흙으로 빚어서 조각해 놓은 형상만으로 만들어진 부처는 아니다.

　형상(形像)이 있는것은 후천(後天)으로 곧 무너져 없어지는 것이고
　무위(無爲)의 본체(本體)는 허공(虛空)과 같은데 어찌 그곳에 사생(死生)이 있겠는가?

　행하던, 앉던, 눕던간에 온종일 한시도 방촌(方寸·玄關)을 떠나지 말며
　자재(自在·自性佛)를 보고 반야(般若)를 행하며 법륜(法輪)을 굴리라.

　정(精)을 기(氣)로 화(化)하도록 하고, 기(氣)를 신(神)으로 화(化)하게 하는 묘의(妙義)는 논(論)하기 어렵다.
　신(神)을 허(虛)로 돌이키면 성령(性靈)이 광명(光明)되리라.

　진(眞)한 중에 가(假)이며, 가(假) 가운데 진(眞)되어서 진여(眞如)가 스스로 고요하면
　비로소 부처님과 인연이 있는 효손(孝孫)이라 할 만하다.

이와 같이 귀의불(歸依佛)에 대하여 그대들을 지시하고
다시 귀의법(歸依法)을 강론할 터이니 자세히 들으라.

귀의법(歸依法)은 불법(佛法)에 의지하여 그 법칙(法則)을 문란케 하지 말라는 것이니
불규를 따르고 예의(禮義)를 강론(講論)하며 몸과 마음을 깨끗이 씻으라.

윗 사람이 아랫 사람을 대할 때에는 자비로서 법규에 따라 훈시(訓示)하고
아랫 사람이 윗 사람을 간(諫)할 때에는 예(禮)에 맞춰 행하되 장정(章程·조목별로 정한 규정)을 어지럽히지 말라.

행동할 때는 품격을 세울것이며 의관을 엄정(嚴正)히 하고
한가히 앉아있을 땐 태산처럼 황정(黃庭)을 요지부동(搖之不動)지키라.

신전(神殿)이나 불당을 의당 정결(淨潔)히 해야 모든 신불(神佛)께서 즐거이 거동하시고
하루 네차례에 걸쳐 향(香)을 올림에 정성을 다해야 성(性)이 밝아져 신명(神明)과 통하리라.

진경(眞經)을 념송(念誦)하여 잡념(雜念)을 제거시켜서 신(神)·기(氣)가 교차하여 어울리게하고
현량(賢良)들을 모아 제도할 방법을 세워 계획에 따라 마음을 내라.

도우(道友)를 보게되면 겸손하고 온화하게 예(禮)로써 반드시 공경하고
　마음 낮추기를 배우고 기(氣) 낮추기도 배워 아랫 사람 되기만 생각하라.

　도(道)를 말할 때에 낄낄거리며 웃지 말고, 논쟁(論爭)하지도 말라.
　선천대도(先天大道)의 이치(理致)는 무궁하여 각각 얕음(淺)과 깊음(深)이 있다.

　꽉 차있는 거만한 마음 거짓된 마음을 한바탕 쓸어 없애 버리고
　간탐심(奸貪心)과 거짓 마음을 먼 하늘 구름 밖으로 던져 버리라.

　인색한 마음 각박한 마음을 깨끗이 씻어 쓸어없애 버리고
　질투하는 마음 시비하는 마음을 조금도 두지 말라.

　명리심(名利心)과 은애심(恩愛心)을 반푼어치도 쌓아 두지 말고
　주색심(酒色心)과 재기심(財氣心)을 모조리 뿌리채 뽑아 버리라.

　뽐내는 마음과 집착심(執着心) 등을 아낌없이 떨쳐 버리고
　수행을 논(論)하건대 인상(人相) 아상(我相)이 없어지면 나라에서 제일 가는 사람이 되리라.

괴로움도 두려워 하지 않고 어려움도 두려워 하지 말고 힘차게 전진할 것이며
한덩어리 철석 같은 마음을 모아 무리 가운데서 특별히 뛰어나도록 하라.

이외의 법칙을 한마디 말로 다 말할 수 없다.
다시 마음(心)을 전하는 법으로 성인 되는 것을 밝게 가르쳐주리라.

심법(心法)을 말한다는 것은 우뢰를 불러 신통력을 나타내려는 것도 아니고
풍우(風雨)를 불러 장수(將帥)와 병졸(兵卒)을 삼아서 부리는 술법(術法)도 아니다.

법(法), 법(法)이라 하는 그 법(法)은 원래가 법(法)이 없는 그 법(法)으로 곧 자성(自性)이며
공(空), 공(空)이라 하는 그 공(空)은 공(空)에 떨어지지 않는 공(空)으로 진공(眞空)을 말한다.

단법(丹法)을 수행할 때에는 마음을 죽이고 숨을 고르게 하여
자오(子午)가 기울도록 상하(上下)가 맞붙도록 앞으로 내리고 뒤로 오르도록 하라.

납(鉛)을 수은(汞)에 던지고 감(坎)과 리(離)가 사귀고 금목(金木)을 합치게 하고
삼화(三花)를 모으고 오기(五氣)가 조회(朝會)토록하고 성영

(聖嬰)을 양육하면,

  기장 쌀 낟 알갱이 같은 구슬이 맺혀 범속(凡俗)을 벗어나 성(聖)을 이루게 되어
  선학(仙鶴)을 타게되는 법상(法像)이 나타나 근심도 없고 놀라움도 없으리라.

  이를 진법(眞法)이라 이름하나니 내가 지금 깨우쳐 주노라.
  다시 귀의승(歸依僧)에 대하여 그 정황(情況)을 간단히 말하겠노라.

  귀의승(歸依僧)이란 곧 세속의 정경(情景)을 그리워해서는 안 된다는 것이다.
  그 마음을 바르게 하고 그 뜻을 정성스럽게 하고 믿음직한 걸음으로 걷고

  일개 대장부(大丈夫)되어 고뇌를 두려워하지 않고
  세속의 티끌과 때를 꽉 붙들고 속히 씻어 내버리면, 생(生)과 사(死)를 꿰뚫어 깨치리라.

  도(道)를 깨달은 사람은 참된 길과 거짓 길을 타파하여 알고
  시시비비(是是非非)와 사법(邪法)과 정법(正法), 좋고 나쁜 것에 대하여 스스로 밝다.

  근기(根基)가 없는 사람은 불법을 받아도 마음이 잡을 손잡이가 없고

도(道)를 만나 나아간다 하더라도 뜻이 한결같지 않아서 헛된 명예에만 매달린다.

또 이익만을 생각하여 돈(錢)을 붙들려고 필사적으로 애쓰고
또는 집안 일을 생각해서 항상 불안하고

굶주리지 않을까 추우면 어찌할까 누명(累名)을 쓰지 않을까 두려워하고
혹은 이자 놓은 돈을 거두어 들이지 못할까 두려워한다.

날이면 날마다 잠들 때까지 안정할 때가 없고
부모와 아해들이 모두가 마음 가운데에 걸려있고,

매일마다 바쁘게 일하면서도 근심은 항상 붙어있어서
수행을 해보려고 생각도 해보지만 참선도 염불도 하기가 어렵다.

이런 사람들은 엉거주춤거리는 꿈틀 벌레에 지나지 않는다.
기왕에 습기(濕氣)를 싫어하면서도 땅속에 사는 것은 무슨 심정에서 인가?

어찌 알랴? 자기자신에게서 어느 사이 귀의승(歸依僧)이란 염두(念頭)조차 떠나버려 없어진 것을.
은애(恩愛)를 그리워하고 가재(家財)만 탐내니 무엇이 귀의승(歸依僧)이란말인가?

귀의승(歸依僧)을 논(論)할 진데, 몸은 진세(塵世)에 있으나 마음은 티끌에 섞여짐이 없고
비록 속세(俗世)에서 살지만 속세에 붙들리지 않아 어느 것이나 못하는 것이 없다.

온 종일 바쁜 가운데 틈을 엿보고 시끄러운 가운데 고요함을 찾고
몸은 속세에 있어도 본성(本性)은 하늘에 두고 터럭끝 만큼도 속가에 정(情)을 두지 않는다.

승(僧)과 속(俗)은 경계가 있어 두 갈래 길로 나뉘는데
청(淸)과 탁(濁)을 분간 못하면 어찌 공(功)이 이루어지기를 바라겠는가?

부탁하노니, 현량(賢良)들이여! 속히 깨닫고 돌아서서 스스로에게 물어보라.
어떤 방법으로 고해의 깊은 구덩이에서 비로소 벗어날 수 있을 것인가?

내공(內功)을 논(論)하건데 승(僧)이란 바로 진인(眞人)을 부르는 성명(姓名)이니
부지런히 깨쳐야만 그 가운데 묘음(妙音)을 비로소 밝힐 수 있을 것이다.

호흡(呼吸)을 써서 진기(眞氣)가 현(玄)에서 나오고 빈(牝)에 들도록 가다듬으면

감로수(甘露水)가 온몸의 백맥(百脈)을 적시면서 약(藥)의 싹이 저절로 생긴다.

진양(眞陽)이 움직여 삼관(三關)을 통과하고 오정(五頂)으로 돌아드니
황노파(黃老婆)가 중매를 서 영아(嬰兒)와 차녀(姹女)가 사이 좋게 지내는 구나.

그 면밀(綿密)한 묘(妙)를 말로 다하기 어려우며 극낙현상 또한 끝이 없고
구곡주(九曲珠)의 낱 알이 맺혀 백호광(白毫光)이 등등(騰騰)하리라.

이 삼귀(三歸)를 수행인은 잘 받들어 표준으로 삼고
삼보(三寶)로 한없이 넘쳐나는 일자(一字) 금단(金丹)을 닦으라."

(15) 한일자(一字)의 정미(精微)한 도리

혜가(慧可)가 여쭙기를, "한일자(一字)의 정미(精微)한 도리(道理)를 사존께서 상세히 가르쳐 주소서."

노조(老祖) 말씀하시기를, "이 한일자(一字)는 무극(無極)의 일점(一點) 영성(靈性)을 말하는 것인데
이것이 바로 서천(西天) 대성인(大聖人)의 골수진경(骨髓眞經)

이다.

　동토(東土)의 모든 만물과 일체의 영물(靈物)을 낳았고
　삼계(三界)에 드러나는 모든 만물들이 한일자(一字)로 말미암아 생성되었다.

　이 일자(一字)는 하늘과 땅을 안정(安定)시켰고 양의(兩儀)를 판정(判定)했으며
　음양(陰陽)을 낳고 남녀(男女)를 낳아 사람의 뿌리를 제조(制造)하였다.

　이 일자(一字)가 삼보(三寶)와 삼교(三敎)의 강령(綱領)이 되었으며
　삼재(三才)를 거느리고 삼계(三界)를 세워서 건곤(乾坤)인 하늘과 땅을 그 한일자(一字)의 손바닥 안에 있게 했다.

　이 한일자(一字)는 태(胎)·란(卵)·습(濕)·화(化) 사생(四生)을 낳고 사상(四相)의 자리를 정했으며
　사방(四方)을 통하게 하고 사계절(四季節)인 춘(春)·하(夏)·추(秋)·동(冬)을 나누었다.

　이 한일자(一字)가 오곡(五穀)을 낳고 오기(五氣)의 변화를 일으키고
　오호(五湖)와 오악(五嶽)을 낳고 또 오행(五行)을 낳았다.

　이 한일자(一字)는 육미(六味)를 낳고 육기(六氣)의 성질(性

質)을 나누었고
　육효(六爻)를 안배하고 육축(六畜)을 분화(分化)하고 육도(六道)의 수레바퀴를 돌린다.

　이 한일자(一字)는 얼굴에 있는 칠공(七孔)을 낳았고 또한 태양계의(太陽系儀)인 칠정(七政)을 낳았고
　매 방위(方位)마다 칠숙(七宿)과 북두칠성(北斗七星)을 세웠다.

　이 한일자(一字)는 팔괘(八卦)와 팔대신성(八大神聖)을 낳았고
　팔방(八方)을 나누고 팔해(八海)와 팔부룡신(八部龍神)을 제어(制御)한다.

　이 한일자(一字)는 구강(九江)을 낳고 구곡명주(九曲明珠)를 정하였으며
　구궁(九宮)을 나누고 구관(九關)을 있게하고 구전단(九轉丹)을 이루었다.

　이 한일자(一字)는 십방(十方)을 낳고 십불(十佛) 출세를 관장하고
　십방(十方)을 안배(按排)하고 또 아래로는 십전염군(十殿閻君)을 제정(制定)하였다.

　이 한일자(一字)는 무극(無極)을 쫓아 선천(先天)의 변화를 일어나도록 하였고
　천불만조(千佛萬祖)와 무수(無數)한 진인(眞人)을 낳았고

별(星斗)들을 낳았고 산하(山河)와 초목(草木)과 만성(萬姓)을 낳으니
 일(一)의 모양이 이러할진데 세상에 일자(一字)로 말미암아 낳지 않은 것이 어디에 있으리오!

 한일자(一字)의 현(玄)의 틀에 감춰져 있는 묘(妙)는 말로 다 하기 어렵다.
 사람이 이 하나(一)를 얻으면 만사(萬事)를 마치게 되므로 죽음도 없고 태어남도 없으리라.

 노조(老祖) 말씀을 마치자 혜가(慧可)는 기쁨을 금치 못했다.
 이 일자(一字)의 선천대도(先天大道)는 가이없는 무궁한 조화가 있어 어느 사이에 정신이 밝아지고 마음이 화창해졌다.
 문득 조사(祖師)께서 말씀한 일삼오(一三五)의 수리(數理)를 생각해보니, 정미(精微)한 이치(理致)가 하도(河圖)로 돌아 간 것을 깨달았다. 하늘에 낳는 수(數)가 있듯이 땅에도 낳는 수(數)가 있다.
 지이생화(地二生火)와 지사생금(地四生金)인 이사(二四)의 이치(理致)는 자세히 알 수 없어서 스승께 여쭸다.
 "사존께서는 자비로 제자에게 지시하여 알게 하여주소서."
 노조(老祖) 말씀하시기를, "일삼오(一三五)의 수(數)가 합(合)하여 구(九)가 되는데, 역(易)에 이르기를 양(陽)은 구(九)를 쓴다 하였고, 이사(二四)의 수가 합하여 육(六)이 되니, 역에 이르기를 음(陰)은 육(六)을 쓴다 하였다. 구(九)는 양(陽)에 속하는데 가볍고도 맑은 기운이므로 위에 떠서 하늘이 되고, 육(六)은 음(陰)에 속하는데 무겁고 탁(濁)한 기운이므로 아래로 내려와

응결(凝結)하여 땅이 되었다. 그러므로 수도(修道)하는 군자(君子)는 탁(濁)을 버리고 청(淸)이 머무르게 해야 한다. 유(儒)·불(佛)·선(仙) 삼교성인(三敎聖人)은 일삼오(一三五)를 합한 수(數)인 구(九)만을 쓰고, 이사(二四)를 합한 수(數)인 육(六)은 쓰지 않았다. 천당(天堂)과 지옥(地獄)이 있어서 선(善)한 사람은 천당(天堂)으로 올라가고 악(惡)한 사람은 지옥(地獄)으로 떨어지는 이치(理致)가 명백하고 사도(邪道)와 정도(正道) 또한 가히 알 수 있는 것이다."

(16) 태(胎)·란(卵)·습(濕)·화(化)와 윤회

혜가(慧可) 다시 여쭈었다. "이사(二四)의 이치(理致)를 어떻게 분별하나이까?"

조사(祖師) 말씀하시기를,

"이(二)는 심원(心猿)과 의마(意馬)를 뜻하고, 사(四)는 눈, 귀, 코, 혀의 사상(四相)을 말하는데, 위의 이(二)와 사(四)를 합한 것이 육근(六根)이고, 이 육근(六根)에서 육적(六賊)이 생기고, 이 육적(六賊)이 화(化)하여 육진(六塵)으로 나타나는데, 그로인하여 육도윤회(六道輪廻)가 있게된다. 윤회(輪廻)의 수레바퀴에 인도(人道)가 둘이고 축도(畜道)가 넷이다. 무릇 사람의 진성(眞性)이 어머니 뱃속에 있던 선천 시절에는, 어머니의 일기(一氣)와 상통(相通)하면서 심원(心猿)과 의마(意馬)가 한데로 모이는 때에 사상(四相)이 화합되어 오직 한 구멍 일규(一竅)가 삼보(三寶)를 관통(貫通)하고, 오원(五元)이 혼연 일체(混然一體)가 되어 능히 동(動)하되 말은 못하다가, 열 달이 차서 만삭이 되면 오이가 익어서 꼭지가 떨어지듯 한 덩어리가 땅으로 떨어져 곤두박질쳐 태(胎)속에서 입던 옷을 벗어 버리고, 배꼽에 달린 탯줄을 끊으면 선천의 기운은 걷혀버리고, 후천의 기운과 닿게 된다.

 태어나면서 소리 지르는 고통에 겨운 외마디 울부짖음은 무엇을 뜻하는가? 고해(苦海)에 떨어져 선천(先天) 뿌리로 되돌아 가기 어렵다는 뜻이 그 외마디 울부짖음 속에 담겨져 있는 것이다. 고해(苦海)라 하는 것은 곧 눈(眼)·귀(耳)·코(鼻)·혀(舌) 사대고해(四大苦海)이다. 성(性)이 눈(眼)으로 소비되면 난생(卵生)에 떨어지고, 성(性)이 귀(耳)로 흩어지면 태생(胎生)에 떨어지고, 성(性)이 코(鼻)로 흩어지면 화생(化生)에 떨어지고, 성(性)이 입(口)으로 흩어지면 습생(濕生)에 떨어진다. 이에 더하여, 마음(心)과 뜻(意)이 한 번 동(動)하여 육욕(六欲)이 생기면서 육진(六塵)을 끌어내는 한편, 중탁(重濁)한 기운이 얽혀서 지옥이 된다. 사람이 축생(畜生)으로 전생(轉生)하고 축생(畜生)이 사람으로 전생(轉生)하고 낳고 또 낳고, 죽고 또 죽고 하는 윤회(輪廻)의 수레바퀴를 멈춰 세우지 못하고 돌고 도는 관계로, 사람이 처음 낳았을 땐 모두가 천성(天性)이 본래 어질었고, 본성(本性)은 서로 서로가 가까웠으나 윤회(輪廻)에 빠진 환경의 습관에 따라 서로가 멀어져 버린것이다."

 게송(偈頌)으로 말씀하시기를,
"삼귀(三歸)오계(五戒)의 법어(法語)를 명백하게 말하고
 그대에게 영명(靈明)한 현관(玄關) 일규(一竅)를 지점(指點)하노니
 삼심(三心)과 사상(四相)을 모조리 쓸어 없애고
 십악(十惡)과 팔사(八邪)를 깨끗이 떼어버리라.

삼보(三寶)를 연마(煉磨)하여 일품(一品)을 이룰것이며
육적(六賊)을 거둬들여 고향으로 돌아가도록 하고
호흡을 엮어 한 구멍 일규(一竅)로 돌아가서
현(玄)과 빈(牝) 두 문(門)으로 내보내고 들여 놓고 하라.

그와 같이 하면 고뇌(苦惱)를 벗어나 뛰어넘으리니
어찌 십전염군(十殿閻君)이 두려울 것인가?
이것이 바로 신불(神佛)의 도(道)이니
걷든지(行), 멎든지(住), 앉든지(坐), 눕든지(臥) 항상 마음에 유의(留意)하라."

혜가(慧可)가 여쭙기를, "스승님께서 제도해 주셨아오니, 제자의 백배(百拜) 절을 받으소서. 다시 자비를 간구(懇求)하오니 삼관 구규(三關九竅)가 어디 있는지 가르쳐 주소서."

노조(老祖) 말씀하시기를, "삼관 구규(三關九竅)를 어찌 그리 쉽게 찾을 수 있으리오. 능히 십전염군(十殿閻君)을 피할 수 있을 지라도. 효(爻)를 빼내어 괘(象)의 형태를 변화 시킨다는 것은 그리 쉬운 일이 아니다. 그대는 지금 초입자(初入者)로서 생각하지 말라."

또 이르시기를, "이 도(道)의 이름이 최상승(最上乘)인데 능히 범골(凡骨)을 선진(仙眞)으로 변화시킬 수 있고, 진성(眞性) 일점(一點)은 삼계(三界)를 뛰어나고, 십방(十方)의 만령(萬靈)도 모두 근본 고향으로 돌아가게 할 수 있다."

혜가(慧可)가 여쭙기를, "성명(性命)이라는 두 글자의 근원을 듣고 싶습니다. 이륙(二六)중에 또한 안신(安身)할 곳이 어디에 있읍니까?"

노조(老祖) 이르시기를, "잠자는 곳은 산간석도(山間石島)지만
삽시간(霎時間)에 바다에도 날고 공중에도 오른다.
앉아있는 곳은 항상 밝아서 밤이 없고
행하는 곳은 바다와 같이 도량이 넓고 크며,

일(日)·월(月) 갑자(甲子)도 운행하고
불도(佛道)의 종지(宗旨)를 증명(證明)하고
아침에는 동쪽에서 뜨고 저녁에는 서쪽으로 지고
자(子)·오(午)·남북(南北)에 서로 관통하고

황정(黃庭)으로 돌아와서 안양(安養)하니
황홀한 묘(妙)를 무궁(無窮)하게 쓰도다.
반드시 마음을 쫓아 취하여 씀에
큰 뜻을 가지고 방심치 말라."

또, 말씀하시기를,
"만약 문득 삼계(三界)를 벗어나려면
다만 공중에 뇌성 벽력소리를 듣게 되고
그 한 점(一點)의 영광(靈光) 사리(舍利)는
물에서도 빠지지않고 불에서도 타지 않으리라."

게(偈)로 말씀하시기를,
"사람 몸으로 동토(東土)에 태어나기가 어렵고
진도맥(眞道脈)의 명사(明師)를 만나기는 더욱 어렵다.

그러나 이미 사람 몸을 받아 태어나고 대도(大道)를 얻었으니

어서 닦아서 하루 빨리 초승(超昇)하기를 힘쓰라.

무릇 성명(性命)이라하는 것은 음양(陰陽)이다. 하늘에 있어서는 일월(日月)이 되고, 땅에 있어서는 수화(水火)가 되고, 허공에 있어서는 풍운(風雲)이 되고, 방위(方位)에 있어서는 남북이 되고, 시간(時間)에 있어서는 자오(子午)가 되고, 팔괘(八卦)에 있어서는 감리(坎離)가 되고, 사람 몸에 있어서는 성명(性命)이 된다.

하늘에 해와 달이 없으면 성두(星斗)가 허공중에 걸려 있지 못하고, 땅에 수화(水火)가 없으면 생령(生靈)을 활력있게 기르지 못하고, 허공(虛空)에 바람과 구름이 없으면 사람들이 상쾌하지 못하고, 방향(方向)에 남과 북이 없으면 혼란스러워 사방이 어찌 평안하겠으며, 팔괘(八卦)에 감리(坎離)가 없으면 수화(水火)가 어찌 오르 내릴 것이며, 시간에 자(子)와 오(午)가 없으면 낮과 밤이 어찌 분명할 것인가?

사람에게 성명(性命)이 없으면 온몸에 주지(主持)가 없다.

음양(陰陽)을 떠나서 만물이 어떻게 생겨나겠는가?"

혜가(慧可)가 여쭙기를, "하늘과 짝하는 높고 밝은것이 무엇이며, 땅과 짝하는 넓고 두터운 것이 무엇입니까?"

노조(老祖) 말씀하시기를,

"**건(乾)**은 하늘이며 곤(坤)은 땅인데, 선천에 있을 때에는 하늘이 위에 있었고 땅은 아래에 있었다. 한번 모태를 떠난 후 탯줄이 끊어지면서 울부짖는 외마디 소리가 사상(四相)을 탁 쳐서 열리게 하고 건곤(乾坤)이 전도(顚倒)되어, 건(乾)은 가운데 효(爻)인 양(陽)을 잃고 리(離)가 되었다.

리(離)라고 하는 것은 떠남(離)이다. 선천(先天)의 고향집을 떠났다는 리(離)인데 어느때에 다시 고향으로 돌아가리요.

곤(坤)은 건(乾) 가운데의 갈비뼈인 양(陽)을 하나 얻어 감(坎)이 되었다.

감(坎)이라고 하는 것은 빠짐(陷)이다. 남자의 갈비뼈로 표시되는 한가닥 진양(眞陽)이 후천(後天)의 단전(丹田)에 빠져서 근본으로 돌아가지 못한다. 박후(博厚)라고 하는 것은 무겁고 탁(濁)한 기운이다. 이화(離火) 가운데 있는 진음(眞陰)을 감(坎)에 보내 진양(眞陽)을 내보내고 바뀌어, 진음(眞陰)이 엉겨 곤(坤)이되고 지(地)가 되어 그 박후(博厚)함이 극(極)에 달하였다.

고명(高明)이라고 하는 것은 가볍고 맑은 기운이다. 감수(坎水) 가운데 있는 진양(眞陽)을 이괘(離卦)에 뽑아 올려 진음(眞陰)을 내보내고 바뀌어, 진양(眞陽)이 맺혀 건(乾)이 되고 천(天)이 되여 그 높고 맑음이 극(極)에 달하였다.

하늘과 땅에 짝(配)한다 함은, 천지의 자리를 정하여 근본으로 돌아가는 것이다. 하늘은 성(性)의 주인(主人)되시며, 땅은 명(命)이 손님이다. 사람이 항상 청정(淸靜)하면 천지에 모두 다 돌아가게 되고, 음양(陰陽)을 단련하여 터득하면 하나와 합하게 되는데, 이는 천지조화(天地造化)로도 뺏지 못한다. 천지도 능히 나를 구속(拘束)하지 못하는데 어찌 십전염군(十殿閻君)을 두려워 하랴.

사방(四方)으로 영산(靈山)가는 길을 뚫어 놓으니, 소요 자재(逍遙自在)하는 관음고불(觀音古佛)이로다. 사람들이 조화의 이치(理致)를 터득한다면 바로 그가 영산회상(靈山會上)의 사람이다."

게송(偈頌)으로 말하기를

"뱃 속에 진경(眞經)을 담아 돌리니

니환(泥丸)은 주빈(主賓)을 구별하고

벽력 소리 한 번 울림에
손을 털고 티끌세상을 벗어나노라."

혜가(慧可)가 듣고 비로소 생사(生死)와 성(性)과 명(命)이 비롯된 뿌리를 알았다. 이에 기쁨을 금치 못하여 말하기를, "잘못되었습니다. 제가 해온 수십년간의 설법으로도 생사(生死)와 성명(性命)의 근원을 깨닫지 못했었는데, 오늘에야 비로소 현묘(玄妙)한 이치(理致)를 깨닫고, 비로소 종이 위의 경문(經文)이 한 푼의 가치도 없다는 것을 알았습니다."

노조(老祖)께서 말씀하시기를, "경(經)이라고 하는 것은 길(徑)이니, 사람을 도(道)에 이끌어 들여 수행(修行)케 하는 길(路徑)이다. 사람들이 깨닫기를 바란다면, 스승을 찾아가 도(道)를 구하고 득도(得道)한 후에는 경(經)으로써 시금석(試金石)을 삼고, 그 도(道)의 진(眞)·가(假)와 이치(理致)의 옳고 그름을 밝히고, 사도(邪道)와 정도(正道)를 분간하여야 한다. 염송(念誦)으로써 생사(生死)를 마칠 수 있다고 가르치고, 설법(說法)으로써 염라국(閻羅國)을 피할 수 있다고 가르치면 안된다. 진짜 경(經)은 종이 위에 쓰여진 문자(文字)에 있는 것이 아니고, 다만 구전심수(口傳心授)에 있는 것이다. 그대가 이미 구전심수(口傳心授)의 진전(眞傳)을 받았는데, 육신(六神·六臟器의 神)의 조종(朝宗)을 알겠는가?"

혜가(慧可) 여쭙기를, "한 점(一點)을 받았을 때 곧바로 알았습니다."

노조(老祖) 말씀하시기를, "신선되는 도(道)를 이미 얻었으니, 순서에 따라 금선(金仙)에 오르리라. 내가 진경가(眞經歌)를 부를 터이니, 자세하고도 분명히 듣도록 하라.

(17) 진경가(眞經歌)

진경가(眞經歌)여! 진경가(眞經歌)여!
이 진경(眞經)을 알지 못하면 모두 마(魔)에 붙잡힌 사람이다.
사람 사람마다 종이 위에서 글뜻을 찾고
중얼 중얼 쉬지 않고 외우기만 하는구나!
경(經)과 진언(眞言)을 가지고, 염불(念佛)하고 설법(說法)하면서
종이 위에서만 초탈(超脫)을 바라고 있다.
만일 그와 같이 하여 생사(生死)를 훌훌 벗을 수 있는 것이라면
세상에 중(僧)이라는 중(僧)은 모두 다 성불(成佛)하였으리라.
진경(眞經)을 얻으면, 큰 파도도 벗어날 수 있으련만
진경(眞經)을 못 얻으면 어떻게 살아날 것인가?
진경이란 정말로 그 무엇인가?
선천 조화(先天造化)이지 별 것이 아니란 것을 알라.
순(順)으로 가면 죽고 역(逆)으로 오면 사는데
아무리 찾아도 찾을 수 없다는 것을 그대들에게 가르쳐 주리라.
진경(眞經)엔 원래부터 한 글자도 없지만
능히 중생을 제도하여 극낙에 오르게 한다.
요컨데, 진경(眞經)은 도(道)와 마(魔)를 알게하므로
옳지 않은 것만 떼어 버린다면 동류(同類)가 되어 서로 화합할 것이다.
하늘을 낳고 땅을 낳고 사람과 만물을 낳는 것이
모두 음양조화(陰陽造化)라는 둥우리 속에서 일어난다.

진경(眞經)을 이야기하니 웃음이 저절로 넘쳐 흐르고
사천(四川)땅 간저(澗底)에서 황금(黃金)이 쏟아져 나온다.
오천사백권(五千四百卷) 불경(佛經)이 모두 중앙황도(中央黃道)로 돌아와
무자진경(無字眞經)인 일부(一部) 대장문(大藏文)과 곧바로 합해지도다.
해(日)는 넉넉하고, 기후(氣候)는 오르고
땅에는 모든것이 모여들고
하늘에는 별들이 모두 그 모습을 들어내도다.
초조달마(初祖達摩)가 친(親)히 전한 구전심수(口傳心授)는
대승묘법연화경(大乘妙法蓮花經)이라.
첫 삼일(三日)에 곧바로 경금(庚金)이 쏟아져 나오니
곡강(曲江)위에 월화(月華)가 더욱 빛나도다.
꽃술(花蘂)이 처음 열려 이슬을 머금는데
호혈(虎穴)과 용담(龍潭)이 청탁(淸濁)을 찾는도다.
물(水)이 두번째 나오니 달(月)이 참으로도 곧도다.
그 삼(三)을 기다릴지언정 나아가지 말라.
임수(壬水)가 처음 오고 계수(癸水)가 오니
모름지기 서둘러 골라 부침(浮沈)을 정(定)하라.
금정(金鼎)으로 달구고 옥로(玉爐)로 삶아내니
너무나 따뜻한 문화(文火)가 활활 타오르고
진경(眞經)으로 한 번 현관(玄關)을 쏘아 구멍이 뚫린 것이
흡사 화살이 붉은 심장을 맞힌 듯하고
온 몸이 뜨겁기가 시루에 담아서 찐 것 같은데
회광반조(廻光返照)하여 중정(中庭)에 들어가
일(一)자 진경(眞經)을 얻으니 술 취한 것 같고

호흡(呼吸)이 백맥(百脈)의 뿌리에까지 돌아가 사무치니
정(精)이 기(氣)에 들고 기(氣)는 신(神)에 들고
혼돈(混沌)한지 칠일만에 다시 또 혼(魂)이 돌아 온다.
이런 여러 조화(造化)의 참 소식과
세상에 살아있으나 죽었고, 죽었으나 살아나는
『활중사(活中死)』과『사복생(死復生)』을
환히 아는 사람이 적도다.
자고(自古)의 신선(神仙)들 모두 진경(眞經)에 의지하였는데
이러한 여러 조화(造化)를 터득하여 안다면
염부세상(閻浮世上) 사람들 모두를 제도하여 건질 수 있으리라.
대도(大道)의 극단(極端)에 태극(太極)이 먼저 모습을 들어냈는데
그것은 본디 부모가 나를 낳기 전의 모습이로다.
사람을 제도하려면 모름직이 무자진경(無字眞經)을 사용하여 제도하라.
만약 진경(眞經)이 무엇인가 묻는다면, 계(癸)와 연(鉛)이다."
혜가(慧可)가 다 듣고 심중에 돌연히 깨달아 곧 즉시 정례(頂禮)로서 사은(謝恩)하고, "스승님께서 주천조화(週天造化)를 가르쳐주신 덕택으로 제자 마음이 환히 밝아 졌습니다. 그러나 다만, 소장(消長)하는 기밀(機密)에 대하여 앞뒤가 끊어져 연결 되지 않는 부분이 있어 알 수가 없나이다." 하고 아뢰니,
노조(老祖)께서 말씀하시기를, "심즉불(心卽佛)·불즉심(佛卽心)이라, 마음이 곧 부처고 부처가 곧 마음이다, 남도 없고 나도 없고 중생도 없다. 삼심(三心)과 사상(四相)을 모조리 쓸어 없애 맑게하고, 십악(十惡)과 팔사(八邪)를 깨끗이 떼어내어 버리라. 은애(恩愛)와 정욕(情慾)에 터럭 끝만큼도 물들지 말고, 탐진치애

(貪嗔痴愛)도 더불어 생기지 않도록 하라.

　자(子)·오(午)·묘(卯)·유(酉)의 시간에 부지런히 타좌(打坐)하고, 스물네시간 풀어진 행동을 하지말라.

　염라(閻羅)가 잡으러 오는 것을 피하려면, 항상 미타(彌陀)·관음(觀音)과 같이 동행(同行)하라.

　자기(自己) 무봉쇄(無縫鎖)를 때려 쳐 열으니, 하늘북(天鼓) 한바탕 울리는 소리에 주인이 놀란다.

　황홀(恍惚)한 틈에 삼계(三界)를 뛰어나고, 뇌성벽력(雷聲霹靂) 치는 소리에 침몰되었던 고해바다 벗어난다.

　만약 육문(六門)을 굳게 닫지 않아 육적(六賊)이 문밖에와서 시끄럽게 떠들어 대면, 당전(堂前)의 주인(主人)이 인사불성이 되리니, 삼가 주의하여 육적(六賊)이 들어오지 못하도록 문(門)을 막으라.

　집에 있는 모든 진짜 보배를 다 도적 맞으면 온집안 노유(老幼)가 편안하기 어렵다.

　주인도 한바탕 허둥대고, 사대색신(四大色身)이 편안하지 못할 것이다.

　이것이 바로 소장(消長)하는 이치(理致)이니, 수행(修行)하는 제자는 명심(明心)하도록 하라."

(18) 육적(六賊)의 반란(反亂)

　혜가(慧可)가 여쭙기를, "육적(六賊·眼耳鼻舌身意)이 반주(反主)한다는 것은 무슨 말입니까?"

　노조(老祖) 말씀하시기를 "육적(六賊)의 주인(主人)은 본시 마음(心)인데, 그 마음(心)이 자기 밑에 대소(大小)의 여러 마군(魔軍)을 거느리고 있는 것이다.

서유기(西遊記)에 등장하는 오공(悟空) 행자(行者)의 비유는 아주 잘된 비유이다. 천궁(天宮)에서 기괴(奇怪)한 능력을 나타내 한바탕 큰 소란을 피웠으나 천병(天兵)·천장(天將)들도 굴복시키지는 못하였는데, 부처님 손바닥을 벗어나지는 못하여, 당승(唐僧)이 정과(正果)를 이뤄 돌아가게 하였다. 이는 모두 『관음주(觀音咒)』의 영묘(靈妙)한 힘에 있었다. 그것은 교묘한 계략(計略)으로 『마음(心)』을 거두어 들인 것인데, 아는 자는 쉽게 깨달을지니 유념(留念)하라.

난적(亂賊) 『의마(意馬)』라는 충신량장(忠臣良將)이 당승(唐僧)을 등에 업고 서(西)쪽으로 갔는데, 당승(唐僧)이 거두어 바르게 돌리지 않았다면, 용마(龍馬)되어 사람을 놀라게 하여 죽게 하였을 것이고, 하늘을 온통 휘젓고 날뛰어도 말릴 방법이 없었으리니, 이는 곧 마왕(魔王)이 안(眼)·이(耳)·비(鼻)·설(舌) 마가장(魔家將)을 모두 한곳에 거느리고 있기 때문이다.

이 마가장(魔家將)이 사대문(四大門)을 치며 분주히 날뛰는 소식이 들리면, 탐(貪)·진(嗔)·치(癡)·애(愛)가 안으로 들어와 돕고, 주(酒)·색(色)·재(財)·기(氣)는 밖에서 야영(野營)을 치고, 그렇게 안에서 밀어주고 밖에서 잡아주고 하면서 왕위를 탈취하려고, 칼과 총, 화살과 창이 어지럽게 뒤엉키게 되는 것이다.

만약에 임금이 진짜 명주(明主)라면 진인(眞人)을 청(請)해다가 용정(龍庭)에 앉히고, 관음보살은 법술(法術)을 베풀고, 삼교성인(三敎聖人)의 호국하는 마음으로, 노모(老母)님의 무상인(無相印)을 달라하여 얻고, 네 요마(四妖魔)를 비추어 내어 성(城) 밖으로 쫓아내고, 다시 옥황상제(玉皇上帝)의 칙명(勅命)을 받들어

육적(六賊)을 항복 받고 주인(主人)을 호위하리니, 천요(千妖)와 만괴(萬怪)가 일제히 명령을 듣고 그칠 바를 알아 천하가 정정(定靜)되리라.

팔대금강(八大金剛)은 요충지의 관문(關門)을 잠그고, 사대천왕(四大天王)은 사문(四門)을 지키며 모두가 진인(眞人)을 항상 옹호(擁護)하니, 주인(主人)이 장엄하고 의연한 자세로 연심(蓮心)에 앉았다가 하늘북(天鼓)소리 울리면, 주인(主人)은 밖으로 나가 공중에 오르게 된다."

혜가(慧可) 또 여쭙기를, "왜 기락동정(起落動靜)을 생사(生死)의 근원(根原)이라 하나이까?"

조사(祖師) 말씀하시기를,
"일어나는 곳에서는 강물이 뒤집히고 바다가 요란하며
떨어지는 곳에서는 허공을 때려 부순 듯 아무것도 없고
움직이는 곳에서는 열쇠로 자물쇠를 열은 듯 거침없이 쏟아져 나오고
고요한 곳은 홍몽(鴻濛)의 벽(關)을 허문 듯 적멸(寂滅)하다.

무상성곽(無相城廓)을 비추어보면
늙지 않는 주인옹(主人翁)이 나타나
무생지(無生地) 위에서 편안히 잠들고
언월로(偃月爐) 가운데 자유자재 한데

세상에 나려온 지 몇 해나 되었는지 알 수 없고
내력과 시종도 알 수 없으나
아명(兒名)은 금강불괴(金剛不壞)이다.

나가고 들어올 때 자취를 볼 수 없으나

미타(彌陀) 부처님이 이곳에 있는데
하필 문밖에 나가서 만나겠는가?"

혜가(慧可)가 여쭙기를, "어떻게 해서 고향 집에 돌아가 어머니를 뵈온다 가르쳐야 합니까?"

노조(老祖) 말씀하시기를,
"천지를 통달하면서 도착해
목모(木母)와 금공(金公)을 만나 뵈옵고
영아(嬰兒)와 차녀(姹女)를 이끌어서
한쌍의 황룡(黃龍)을 같이 타고,

바다를 건너고 산을 넘어 재를 지나
극락궁중(極樂宮中)에 도착하여
무극노모(無極老㚷)를 참배하고
보경천궁(普慶天宮)에서 단원(團圓)을 이루리라."

혜가(慧可)가 여쭙기를, "『스스로 그러한』자연 경계(自然境界)를 자기가 알 수 있습니까, 알 수 없습니까?"
노조(老祖) 말씀하시기를, "어렴풋이 희미한 그 가운데 그 무엇인가 물(物)이 있고, 까마득하게 가물 가물한 그 가운데 정(精)이 있고, 음양(陰陽)이 화합을 이루고 있는 것이 알아질 것이나, 앎이 없는 사람이 되어야 하며, 동(動)한 가운데 정(靜)이 있는것도 알게 되지만 아는 데 집착하면 마(魔)가 반드시 침입하리라. 아는 자는 쉬이 깨닫고, 미매(迷昧)한 자는 실행하기 어려우리라."

(19) 계란이 먼저인가? 닭이 먼저인가?

혜가(慧可)가 여쭙기를, "무엇을 계란건곤(鷄卵乾坤)이라 합니까? 닭이 앞에 있었는지 달걀이 앞에 있었는지 알 수 없나이다."

노조(老祖) 말씀하시기를, "혼돈시기(混沌時期)에는, 달걀도 없고 닭도 없이, 청(淸)과 탁(濁) 두 기운이 혼돈(混沌)하게 한 덩어리를 이루고 있다. 이것이 무극(無極)의 본체(本體)이다. 자시(子時)에 한 양기(陽氣)의 성(性)이 발동(發動)하면, 청기(淸氣)가 감응(感應)하게 되는데, 이는 계란의 흰자위 같고, 축시(丑時)에 두 음기(陰氣)의 명(命)이 발동(發動)하면, 탁(濁)한 기운이 민감하게 뚫리는데, 이는 계란의 노란자위 같다.

음양(陰陽)이 느낌을 주고 받으며 교감(交感)하면, 어우려져 신비스런 힘을 지니게 되는데 이때가 바로 무극(無極)이 태극(太極)을 낳은 것이다. 하루 아침에 홍몽(洪濛)의 벽(闢)을 허물어 깨트리고 혼돈(混沌)에서 분리(分離)되어 태극(太極)이 되고 양의(兩儀)가 생(生)하였다. 이때가 바로 달걀을 깨고 닭이 나오는 과정과 같은데, 먼저 달걀이 있고 후에 닭이 있게 되는 원리(原理)이다. 만약 이러한 이치(理致)를 밝힌다면, 문득 천기(天機)를 알게 되리라."

혜가(慧可)가 여쭙기를, "염불(念佛)하는 것은 누구입니까?"
노조(老祖) 말씀하시기를, "본성(本性)이니라."
혜가(慧可)가 여쭙기를, "본성(本性)을 제외하고는 또 무엇이 있습니까?"

노조(老祖) 말씀하시기를, "영광(靈光)의 발현이다."

혜가(慧可)가 여쭙기를, "현재 안신(安身)은 어느곳에 해야 하나이까?"

노조(老祖) 말씀하시기를, "다른데 있는 것이 아니고 현재 바로 당사자 본인에게 안신할 곳이 있다."

혜가(慧可)가 여쭙기를 "하루 24시간 어디에 명(命)이 있습니까?"

노조(老祖) 말씀하시기를, "쌍림수(雙林樹)에 있다."

혜가(慧可)가 여쭙기를, "제가 지금 쌍림수를 도끼로 찍어 없애버린다면, 어느 곳에서 안신(安身) 해야할지 모르겠습니다."

노조(老祖) 말씀하시기를, "태허공(太虛空)에 있으리라."

혜가(慧可)가 여쭙기를, "태허공(太虛空)을 받아쳐 엎어버리면 다시 어느 곳을 향하여 안신입명(安身立命)해야 하겠습니까?"

노조(老祖) 말씀하시기를, "허공(虛空)을 때려 부수어 가루를 내면 건곤(乾坤) 삼계(三界)를 뛰쳐 나갈 수 있을 것이다."

혜가(慧可)가 여쭙기를, "어느 것이 삼계(三界)입니까?"

노조(老祖) 말씀하시기를, "동토 사바세계(東土 裟婆世界)·서방 극낙세계(西方 極樂世界)·선천무극세계(先天無極世界)를 삼계(三界)라 하는데, 오직 선천무극세계(先天無極世界)가 모든 남녀(男女)의 옛 고향이로되, 동토(東土)중생(衆生)의 미매(迷昧)가 심하여, 모두 다 사바세계(裟婆世界)에 갇혀 있는 것이다. 서방 극락세계(西方 極樂世界)로 돌아가고자 생각하면, 자성(自性)을 밝히지 않고는 고향으로 돌아가기 어렵다."

혜가(慧可)가 여쭙기를, "서방(西方)이 어느 곳에 있나이까?"

노조(老祖)께서 이르시기를, "곧바로 십만 팔천리(十萬 八千里) 거리에 명명백백(明明白白)하게 극낙궁(極樂宮)이 있다. 서방(西

方)은 바로 목전(目前)에 있다고 폭로해주어도 우습다. 미혹에 빠진 사람들은 그 길을 통과하지 못하는구나!"

혜가(慧可)가 여쭙기를, "스물 네시간 어느 곳에 귀의(歸依)하며, 어느 경(經)을 외워야 합니까?"

노조(老祖) 말씀하기를, "무봉탑(無縫塔)에 귀의(歸依)할 것이며, 무자경(無字經)을 묵념(默念)하라. 입을 열면(開口) 신기(神氣)가 흩어지리니, 고요히 외우며 법륜(法輪)을 굴리라."

혜가(慧可) 말하기를, "무봉탑(無縫塔)은 어디에 있습니까?"

노조(老祖) 말씀하시기를, "자기의 진짜 보배(眞寶)는 마땅히 자기에게 있는 것인데, 어찌하여 온갖 수단을 다 써가며 밖에서만 찾으려 한단 말인가? 집 안에 사리자(舍利子)가 있어서 밤낮을 가리지 않고 광명(光明)을 내고, 털 없는 사자(獅子)는 하늘을 사무쳐 날고, 개구리와 두꺼비는 털옷을 걸치고 나무위에 앉아 있다. 죽은 것은 달겨 붙고, 산 것은 달아나고, 모기가 절구공이를 물고 돌아온다."

(20) 삼심(三心)과 삼회(三會)

혜가(慧可)가 여쭙기를, "무엇을 삼심(三心) 삼회(三會)라 하나이까?"

노조(老祖) 말씀하시기를, "눈(眼)은 과거심(過去心)으로 연등불(燃燈佛)의 연지회(蓮池會)다. 귀(耳)는 현재심(現在心)으로, 석가불(釋迦佛)의 영산회(靈山會)다. 코(鼻)는 미래심(未來心)으로, 미륵불(彌勒佛)의 안양회(安養會)다." 혜가(慧可)가 여쭙기를, "무엇을 삼천(三千) 대천세계(大千世界)라 하나이까?"

노조(老祖)께서 말씀하시기를, "과거불(過去佛)은 천하(天下)의 홍분세계(紅紛世界)를 관장하시고, 현재불(現在佛)은 천하(天下)의 사바세계(裟婆世界)를 관장하시고, 미래불(未來佛)은 천하(天下)의 청정세계(淸靜世界)를 관장하신다."

게송(偈頌)으로 말하시기를,
"무쇠 아이는 나이가 몇이던가?
궁(窮)하여 다함이 없으니, 어느때에 쉬게 될런가.

한바탕 포효소리에 바다와 천지도 놀라고
건곤(乾坤) 사부주(四部州)가 찢어지는 소리가 난다."

혜가(慧可)가 여쭙기를, "무엇을 사자경(四字經)이라 하며 육자경(六字經)이라 하나이까?"
노조(老祖) 말씀하시기를, "옛날 문수보살(文殊菩薩)이 세존(世尊)께 묻기를, '수행하는 제자가, 묘용(妙用)과 정성(精誠)이 있으려면, 사자진경(四字眞經)이 진(眞)입니까? 육자진경(六字眞經)이 진(眞)입니까?'하니, '세존께서 사자(四字)나 육자(六字)는 사람들을 이끌어 들이는 문(門)에 지나지 않는다'고 말씀하셨는데, 초회(初會)의 사자(四字)는 공경(公卿)을 이끌어 들이고, 이회(二會)의 육자(六字)는 현인(賢人)을 이끌어 들이고, 삼회(三會)의 십자(十字)는 많은 중생들을 무극(無極)·태극(太極)·황극(皇極)의 세 이름으로 보도할 것이다. 경(經)에 오천사십팔불(五千四十八佛)을 천명(闡明)하였고, 팔만사천문(八萬四千門)을 열었으며, 삼재(三災) 때문에 교화(敎化)를 열었는데, 인도(引度)할 때에는 유자경(有字經)을 떠나지 못한다. 경(經)에 생사로(生死路)

를 꿰뚫수 있도록 말해 놓았으니, 일자불이문(一字不二門)을 정성스레 구(求)하라. 무자진경(無字眞經)은 성현(聖賢)에 오를 수 있다. 다음 게송(偈頌)의 말을 분명히 잘 들으라."

게(偈)에 이르기를,
"진경(眞經)을 종이에 쓰여진 경(經)과 같다 하지 말라.
종이 위에서 경(經)을 찾는 것은 쓸데없는 헛수고다.

사람들이 그 가운데 뜻을 참구하여 꿰뚫는다면
외외부동(巍巍不動)한 가운데 편안하리라."

(21) 무자경(無字經)

또 이르기를,
"사람마다 무자경(無字經) 한권이 있는데
종이와 붓과 먹으로 쓰여 만들어진 것이 아니다.

전개(展開)하면 원래 한 글자(一字)도 없지만
밤낮 사시(四時)로 광명(光明)을 낸다.

덧없는 몸 비록 작지만 주천(週天)조화에도 어울릴 수 있으니
이야기 하는 복음(福音)을 자세히 참구하라.

삼장(三藏)에 걸쳐 모든 십이부(十二部) 경권(經卷)은
모두 다 사람의 인신(人身) 내외(內外)에 안배(安排) 되어 있

도다.

　머리꼭지(頂門)에 얹혀있는 금강경(金剛經)을 그 누가 알아 믿으며
　발로 밟고 있는 반야경(般若經)을 몇 사람이나 알아듣겠는가.

　눈으로 보는 관음경(觀音經)은 방촌(方寸)을 떠난일 없고
　귀에 들리는 뇌음경(雷音經) 아름다운 노래소리 거문고와 같다.

　코에 향기나는 미타경(彌陀經)은 현(玄)으로 나가고 빈(牝)으로 들어오고
　혀로 핥는 법화경(法華經)은 호흡(呼吸)을 맑게한다.

　마음에 묵묵(默默)하는 다심경(多心經)은 이것이 강령(綱領)이고
　뜻을 지키는 청정경(淸靜經)은 앞에서 내려가고 뒤에서 올라간다.

　왼쪽 간(肝)집 청룡경(靑龍經)은 목모(木母)가 변함없이 지키고
　오른쪽 폐부(肺腑) 백호경(白虎經)은 금공(金公)이 보살피고

　북극경(北極經)은 능히 물을 채워 신장에 담아두고
　비장(脾臟) 중궁(中宮) 황정경은 법륜(法輪)을 굴린다.

　당삼장(唐三藏)이 서천(西天)을 지난 천신만고(天辛萬苦) 이루

다 말할 수 없고
　구구재(九九災) 팔십일난(八十一難) 사지(死地)에서 다시 살아났다.

　오공(悟空)의 마음(心), 사승(沙僧)의 명(命), 당승(唐僧)의 성(性)
　백마(白馬)의 의(意), 팔계(八戒)의 정(精), 오행(五行)과 너무나 딱 어울렸다.

　오천사(五千四)의 일장(一藏)을 이루려 십사년(十四年)을 가장 곧게
　십만 팔천리(十萬八千里)를 가서 비로소 뢰음(雷音)처럼 다다랐다.

　먼저 무자경(無字經)을 내리시고, 유자경(有字經)은 후에 다시 남겼는데
　십이부(十二部)의 진묘품(眞妙品)은 모두 인신(人身)에 있으나

　티끌 세상 사람들 미매 심해 전연 깨닫지 못하고
　또한 진경(眞經)이 초생료사(超生了死)의 길임을 궁구치도 않는구나.

　승(僧)·도(道)들은 경(經)에 매달려 고타창념(敲打唱念)만 하고
　어리석은 마음으로 귀혼(鬼魂)을 제도한다 하나 성심(誠心)도 경건함도 전혀 없다.

오훈채(五葷菜)와 삼염(三厭)을 마구 먹고 냄새나는 입으로 외우며 염불하고
　가짜로 예배(禮拜) 드리고 기도문을 사르고 불문(佛門)을 업신여기어 깔보니

　부처님이 먼저 망령(亡靈)에게 삼등(三等)의 죄(罪)를 주시고
　다시 가짜 승(僧)의 과오를 빠짐없이 기록하여

　마침내는 조목조목 대조되며 삼도고(三途苦)의 곤욕(困辱)을 당하리라.
　무제(武帝)가 불교(佛敎)를 일으키므로 도리어 대도(大道)가 어둡게 되었노라.

　단지 공문(空門·불문佛門)을 일으켜 밥 그릇이나 더 차지할 길이나 꾀하여 구할 뿐,
　어찌 불법(佛法)이 문란해져서 후생(後生)을 그르칠 줄을 알았으랴!

　제자에게 부촉하여 이미 진(眞)·가(假)의 노선(路線)을 알았을테니
　무자경(無字經)으로 자신을 벗어나게 하고, 아울러 불문(佛門)의 여러 종친(宗親)들 까지도 제도하도록 하라.

　가르치심을 베푸셨던 부처님으로부터 이십팔대(二十八代)에 까지 유전(流傳)되어온 불성(佛性)이
　동토(東土)에 까지 도착하여, 원인(原人)을 찾아 도(道)의 뿌리

를 접속(接續)시켜 주노니

  이때에 가르켜 바라건데, 황태아(皇胎兒)는 방문(旁門)을 버리고 정도(正道)를 따르며
  진결(眞訣)을 전하는 명사(明師)를 찾아 죽음을 마치고 생(生)을 뛰어넘도록 하라."

  노조(老祖)께서 개시(開示)를 마치고 떠나시니 혜가(慧可)가 스승의 크신 은혜에 배사(拜謝)하고
  예(禮)를 마친 다음 읊어 말하기를,

"선천(先天)의 무위대도(無爲大道)는
부처가 되는 성불(成佛) 묘용(妙用)의 기관(機關)이니
초생료사(超生了死)를 등한시(等閒視)해서는 안된다.
얻은 자 어찌 업신여길 것인가?

나는 생사(生死)와 성명(性命)을 위하여
왼팔을 한 칼로 자르면서 까지 진전(眞傳)을 얻었고
웅이산(熊耳山)에 들어와 어렵게 연마(煉磨)하여
비로소 일관(一貫)을 얻어 밝혔다.

감사하게도 스승께서 층층히 가르쳐 미혹을 허물어 주시니
풀어 놓으면 하늘과 대해(大海)에도 넉넉히 가득차고
겨자씨 한쪽 끝에도 거두어 들일 수 있는데
진실로 이것이 하나(一)로서 만(萬)을 꿰었다.

간절히 부탁하노니 후배(後輩) 부처님 도반(道伴)들이여!
만금(萬金)을 준다해도 절대로 가볍게 전하지 말라!
고해 중생들이 정성만 있으면
미망(迷妄)을 떼어버리고 원래 모습으로 돌아갈 수 있도록 피안(彼岸)을 가르치노라.

육도(六道)에 윤회(輪廻)하는 것을 살펴보니
백골이 산(山)처럼 쌓여있는 것을 차마 눈뜨고 볼 수가 없노라.
천기를 모조리 밝혀 누설하고 싶으나
상천에서 환히 감찰하심을 피할 수 없는 것이 두려워

다만 어렴풋하게나마 대략
후세 사람들에게 누설하니
이 『현관(玄關)』에 명사(明師)의 지점(指點)을 구하여
영원한 극락궁(極樂宮) 뜰의 증거로 삼으라.

불법(佛法)은 분명하게 이야기로 다 할수 없는 것.
한권의 마음(心) 경(經)은 글자 글자 마다 진(眞)이요
종이 위에 있는 글자(字) 경(經)은 원래 무자진경(無字眞經)에서 나온 것이니
남가몽(南柯夢)을 꿈꾸는 꿈속의 사람들아! 잠에서 깨어나라.

큰 바다 파도 속에 가물가물하는 등잔불 하나
심지를 돋우는 사람없어 뚜렷이 드러나진 않으나
만약 명사(明師)를 만나게 되어 친히 지점(指點)받는다면
안쪽도 비춰지고 바깥쪽 사람도 보게 할 수 있으리라.

큰 바다 높은 파도 중에 돛대를 세우라!
부처님이 피안(彼岸)에서 기다리신지 오래다.
삼환(三還)과 구전(九轉)으로 그대들을 제도하러 오셨으니
인연이 있는 사람은 만나 태미(太微)를 증득(證得)하리라.

『**달**』인(達人)은 천명(天命)을 알고 고향 옛집 생각하고
『**마**』착(摩着)하듯 절차탁마(切磋琢磨)하여 정근(正根)으로 좌방(左旁)을 떼어버리라.
『**신**』선(神仙)이 될 씨, 사람 사람마다 고루 나뉘어져 있고
『**광**』명대로(光明大路)는 서방(西方)으로 뚫려 있도다.

2. 달마보전(達摩寶傳)(하권)

(22) 방편으로 종횡(宗橫)을 스승이라 하는 달마(達摩)

게송(偈頌)에 이르기를,
『달』마(達摩)가 꿰뚫은 『현(玄)』은 실로 오묘하도다.
『마』착(摩着)하듯 삼교(三敎)를 잡고 어루만져 보니, 일기소생(一氣所生)으로 왔도다.
『종』파(宗派)의 선천(先天) 이십팔조(二十八祖) 달마(達摩)가
『횡』(橫)으로 가로질러 세상을 정법선(正法船)으로 막아놓고 원불자(原佛子)들을 건지려 열어 놓았노라.

 그때, 달마노조(達摩老祖)께서 이미 혜가(慧可)를 제도하여 설법(說法)을 마치고 떠나셨으나 세상을 민망히 여기는 마음 간절하여, 명산 고찰 구름따라 유람하며 진성(眞性)을 함양(涵養)하다가, 너무나 뜻밖에 한 도인(道人)을 만났는데, 도호(道號)를 종횡(宗橫)이라 하였다.
 종횡(宗橫)이 노조(老祖)의 적연부동(寂然不動)함을 보고, 스스로 자기 능력을 자랑하며 거만한 태도로 말하기를, "도(道)가 높으면 용호(龍虎)도 굴복하고, 덕(德)이 많으면 귀신(鬼神)도 공경하는데, 공연히 자만(自滿)만 한다면, 반드시 세상 밖 사람이 아

니로다."

　노조(老祖) 들었으나 앙연부동(昂然不動)하니, 종횡(宗橫)이 또 이르기를, "출가(出家)한 사람은, 마땅히 거문고를 타며 연주할 수 있도록 해야 한다. 수참(水懺)에 말하기를, 바둑(圍棋)은 출가인(出家人)의 할 일이 아니라 했고, 능엄경(楞嚴經)에 말하기를 피리나 생황(笙簧)·공후(箜篌)·비파(琵琶)·종고(鐘鼓)는 비록 묘(妙)한 음(音)을 가지고 있긴하나, 그 음(音)보다는 도리어 그 묘지(妙指)를 알아야 한다고 했다. 내가 이제 한 마디 크게 외쳐, 그대가 진짜 화상(和尙)인가 가짜 화상(和尙)인가를 보리라."

　노조(老祖) 대답하기를, "그대가 진(眞)이면 전체가 진(眞)이요, 그대가 가짜면 전체가 가짜로다."

　종횡(宗橫)이 다시 묻기를, "화상(和尙)은 어디서 왔는가?"

　노조(老祖) 대답하시기를, "나는 진공사(眞空寺)에서 왔노라." 종횡(宗橫)이 조사의 말을 알아 듣지 못하였다.

　노조(老祖)가 속으로 '그가 진인(眞人)이 아니라면 나의 말을 반드시 싫어할 것이다. 그렇다면 내가 반드시 선(善)하게 대해주고, 그가 만일 선(善)하다면 나 역시 선(善)하게 대해주리라. 내 또 처음으로 돌아가 조금만 이야기하고, 그에게 물으리라. 그가 만일 나를 알아보면 다시 도리(道理)를 나타내주리라.' 생각하면서 앞으로 나아가 공손히 이르기를, "선생께 인사를 드립니다."

　종횡(宗橫)이 또 물어 말하기를, "화상(和尙)은 어디서 왔는가?"

　노조(老祖) 대답하시기를, "오는 곳에서 와서 가는 곳으로 갑니다."

　종횡(宗橫)이 말하기를, "그래도 어느 곳인가 한군데 발 붙이고 몸을 안착하고 있는 곳이 있을것이 아닌가?"

노조(老祖) 말하기를, "내가 어디 출신(出身)인가를 물으셨지요? 은혜를 많이 받은 곳이 바로 내 집이지요."

　종횡(宗橫)이 말하기를, "발길을 머물러 사는 곳이 정해져 있을 텐데, 어디를 떠나 내가 있는 이곳에까지 왔는가?"

　노조(老祖) 말하기를, "나는 구름처럼 떠돌아 다니는 중(僧)인데 어찌 정해진 곳이 있겠습니까?" 하면서 입에서 나오는 대로 말하기를, "동쪽에서 와서 서쪽으로 가건만 아무 시름이 없고, 구름따라 온 천하 사부주(四部州)를 노닐고 있는데, 나보고 어디로 돌아가느냐고 물으시면, 언제나 쌍림수(雙林樹) 아래서 적멸(寂滅)을 닦고 있다할 것입니다." 하며 노조(老祖)께서 이야기를 마쳤다.

　종횡(宗橫)이 노조(老祖)의 게어(偈語)를 알아듣지 못하고 또 묻기를, "성(姓)은 무엇이며 이름은 무엇인가?"

　노조(老祖) 말하기를, "노승(老僧)의 성(姓)은 성(性)이요, 이름은 왕(王)이요, 자(字)는 공명(空明)입니다."

　종횡(宗橫)이 말하기를, "백가성(百家姓)을 내가 일찍이 다 읽어 봤으나, 아무데도 성(性)이라는 성(姓)은 본적이 없다."

　노조(老祖) 말하기를, "당신은 백가성(百家姓)은 잘 아시면서, 어찌 자기집 성(性)은 모르시오? 내 생각해보건대, 당초(當初) 하늘이 열리고 땅이 생겼을 때, 먼저 일점(一點) 진성(眞性)이 있었고 많은 남녀(男女)도 적잖이 있었습니다. 이 한점(一點) 진성(眞性)은 그 사람 사람마다 모두다 갖춰져 있었고, 개개(個個) 모든 것마다 없지 아니하여 꿈틀거리며 움직이는것 모두 영(靈)을 함유하고 있는 것입니다. 그러므로 모든것에 똑같은 불성(佛性)이 다 있으나, 그 불성(佛性)이 오행(五行)에 투입(投入) 되어서는 얼굴 모양이 꼭 같지 않고 언어가 각각 다른 고로, 저 사람은 장

(張)씨 나는 이(李)씨로 각각 성명(姓名)이 나뉘었을 뿐인데, 당신은 어찌하여 진짜 자기 성(姓)은 분간하지 못하고 도리어 가짜 성(姓)만을 알고 계십니까?"

종횡(宗橫)이 그 뜻을 알아듣지 못하고 다시 되묻기를, "화상(和尙) 그대는 이제 나에게 그대가 어디서 왔다가 어디로 가는지 발자취를 확실히 설명하라."

노조(老祖) 말하기를, "당신이 나의 도(道)를 추구할진대, 나의 도(道)는 말후일착(末后一着)입니다."

종횡(宗橫)이 말하기를, "산에 오르려면 꼭대기까지 가야하고, 바다에 내려가려면 밑바닥까지 도착해야 하므로 이처럼 그대에게 묻는 것이다. 산수(山水)가 모두 다하여 막 다르게 떨어지는 절벽 끝에서, 나는 문득 멈추리라."

노조(老祖) 말하기를, "좋습니다! 그렇다면 내가 여기 온 뜻을 당신이 알 수 있도록 일일이 얘기 하도록 하지요. 저는 사수국(泗水國) 사람인데 특별히 도(道)를 찾아서 수행하려고 여기 왔습니다."

종횡(宗橫)이 말하기를, "여기까지는 거리가 얼마나 되는가?"

노조(老祖) 말하기를, "십만팔천리(十萬八千里)입니다."

종횡(宗橫)이 말하기를, "며칠이나 걸려서 이 곳에 도착했는가?"

노조(老祖) 말하기를, "단 한시간 걸려서 이곳에 도착했습니다."

종횡(宗橫)이 말하기를, "어떻게 그리 빨리 걸을 수 있는가?"

노조(老祖) 말하기를, "나는 도리어 느리게 도착된 것을 한할 뿐입니다. 우리 사수국(泗水國)에 달마조사(達摩祖師)라는 분은 반시간에 십만팔천리(十萬八千里)를 걷습니다."

종횡(宗橫)이 말하기를, "그대가 여기 이렇게 와서 어떠한 일을 하려는가?"

　노조(老祖) 말하기를, "오래 전부터 동토(東土)에 사람들이 터득(體得)할 도(道)가 없다는 말을 듣고 전도(傳道)해서 교화하여 수행(修行)케 하려고 왔는데, 이토록 밝은 눈을 가진, 도(道)가 높으신 선생이 이곳에 있을 줄이야 누가 알았겠습니까."

　종횡(宗橫)이 말하기를, "그대는 어떠한 도(道)를 가지고, 어떠한 법(法)으로 수행하기에 감히 이곳에 와서 전도(傳道)하려 하는가?"

　노조(老祖) 말하기를, "나는 구름처럼 호수와 바다를 떠도는데, 어찌 닦을 법(法)이 있겠습니까?"

　종횡(宗橫)이 말하기를, "닦을 법이 없는데 어떤 법(法)을 전하겠다는 것인가?"

　노조(老祖) 말하기를, "한가하게 청정(淸淨)을 지키고, 피로할 땐 누워 자며, 배고플 땐 한 그릇 밥을 먹고, 목마를 땐 한 병(甁)의 샘물을 마십니다. 그가 부처면 스스로 부처이고, 그가 신선이라면 스스로도 신선인 것입니다. 도도(滔滔)하게 풍파(風波)가 일어나니, 뱃사공이 배를 띄우지 못하는군요." 노조(老祖)께서 대도(大道)의 현기(玄機)의 이치(理致)를 종횡(宗橫)에게 말하여 주나, 종횡(宗橫)이 능히 깨닫지 못하였다.

　노조(老祖) 말하기를, "제가 이곳에 온지 반년이 되었으나, 누구 한 사람 나를 찾아 와 스승이라 하는 자가 없었습니다."

　종횡(宗橫)이 말하기를, "누가 그대 같이 꽉 막혀 일규불통(一竅不通)인 자를 스승으로 삼겠는가?"

　노조(老祖) 말하기를, "두려운 것은 당신이 바로 일규불통(一竅不通)인 것입니다. 당신이 만일 일규(一竅)가 통하였다면, 초생료사(超生了死)가 어렵지 않았을 것이고, 반드시 그렇게 부처를 증득하고 진인(眞人)이 되었을 것입니다."

종횡(宗橫)이 말하기를, "나는 그대와 더불어 말하고 싶지 않다. 그대는 그대 갈길로 가라."

노조(老祖) 말하기를, "올 때에는 오직 한길 곧은 길 뿐이 였는데, 막상 가려하니 문득 천문만호(千門萬戶)로 내가 어느 길로 가면 좋을지 당신이 지금 돌보아준다면, 천년(千年) 수행(修行)하는 것 보다 공덕이 클 것입니다."

종횡(宗橫)이 말하기를, "나와 그대가 만약 한 집안이라면, 그대를 보살펴 주는 것이 어찌 어렵겠는가? 그러나 그대는 불가(佛家)요, 나는 도가(道家)이니, 어찌 그대와 내가 좋게 어울릴 수 있겠는가?"

노조(老祖) 말하기를, "선천(先天)일 때에는 유불선(儒佛仙)이 원래 한 집안이였는데, 지금 사람들이 망녕되이 삼교(三敎)로 나누어 각각 이치(理致)가 다른 것처럼 별개(別個)로 말하니, 이것이 슬플 뿐입니다."

종횡(宗橫)이 말하기를, "만약 내가 그대를 구(救)해 주기를 바란다면, 그대가 나에게 절하고 스승이라 하라. 그리하면 어쨌든 좋은 말 몇마디를 들려주리라."

노조(老祖) 잠깐 생각해보니, '내가 만약 그를 존대하여 스승으로 삼지 않는다면, 그를 이끌어 나아가게 하기 어렵고, 그렇다고 내가 만약 그에게 절하여 스승이라 한다면, 그의 죄과(罪過)가 너무 중할 것이다. 그렇다면 좋다. 바로 이때가 급한 물에는 언덕에 배(船)를 붙여놓고, 배(船)를 상앗대로 잘 버티도록 매놓아야 하는 때이다.' 하고는 노조(老祖) 문득 앞으로 나아가서 고하기를, "사부(師傅)시여! 구름처럼 떠돌다 이 곳에 이르렀으므로, 향초가 없어서 예(禮)를 다 갖추지 못하옵고, 제자가 흙을 긁어 모아서 향으로 하고 당신을 스승으로 모시겠나이다."

종횡(宗橫)이 말하기를, "그대 말이 좋도다."

노조(老祖) 말하기를, "사부(師傅)시여! 청컨데 윗자리에 앉으셔서 제자의 절을 받으소서."

종횡(宗橫)은 이에 망녕되이 자존(自尊)해 져서, 부들방석 포단(蒲團)위쪽에 앉아 꼿꼿하게 부동(不動)의 자세로 노조(老祖)의 9배를 받으니, 팔부천룡(八部天龍)이 진노(嗔怒)하였다.

노조(老祖) 가만히 생각하시고 게송(偈頌)을 지어 이르시기를,
"군자(君子)는 잠시 가난하나 예(禮)가 있고
소인(小人)은 잠시 부(富)하면 마음을 속인다.
팔부천룡(八部天龍)이 공중에서 노(怒)하고
전도 조사(傳道祖師)는 사람에게 절하네.
사람들의 편의(便宜)를 얻었다고 기뻐하지 말라.
멀면 내생(來生)에 있고 가까우면 눈앞에 있을진대
구현칠조(九玄七祖)가 벌을 받게 되고
역대조선(歷代祖先)이 지옥에 떨어지리라."

노조(老祖) 두 무릎을 꿇고 밑에 있으니, 종횡(宗橫)이 고함소리로, "도제(徒弟)는 일어나라, 내 이제 그대를 거두리라."

노조(老祖) 말하기를, "제자 불법도리(佛法道理)를 사부(師傅)님께 구하여 묻사오니 명백하게 가르쳐 보여주시면, 제자 겨우 일어날 수 있겠나이다."

종횡(宗橫)이 말하기를, "본래 그대를 구(救)하고자 했던 것이 아닌데, 중(僧)의 낯을 보아서가 아니라 부처(佛)의 낯을 보아서 그대를 지금 귀의(歸依)케 하였으니, 내가 입도(入道)에 대해서 논(論)하겠다. 본시 도문(道門)은 도조(道祖)의 도(道)를 닦고,

도조(道祖)의 진리(眞理)를 본받아, 삼청오행(三淸五行)을 준수하는 것이 모름지기 정리(正理)이다. 그러나 그대가 머리를 깍은 중(僧)인 것을 생각하여, 내 지금 그대에게 삼귀오계(三歸五戒)를 전하노니, 스승의 진전실수(眞傳實授)를 잊지 말라."

노조(老祖) 말하기를, "어찌 감히 준수치 않으리오. 전해주시는 삼귀오계(三歸五戒)를 반드시 받들어서 스승의 진전실수(眞傳實授)를 감히 잊지 않겠습니다."

종횡(宗橫)이 말하기를, "그대는 먼저 삼귀(三歸)를 받고 뒤에 오계(五戒)를 받아라. 불(佛)에 귀의하면 지옥(地獄)에 떨어지지 않고, 법(法)에 귀의하면 아귀(餓鬼)에 떨어지지 않고, 승(僧)에 귀의하면 윤회(輪廻)에 떨어지지않고, 법륜(法輪)이 항상 구르리라. 이를 전하여 얻었으니, 그대는 삼천공(三千功)이 가득 차고 팔백과(八百果)가 충만하리라." 하면서 종횡(宗橫)이 말하기를, "제자는 일어나라."

노조(老祖) 말하기를, "제자는 못 일어나겠나이다."

종횡(宗橫)이 말하기를, "어찌하여 못 일어나겠다 하는가?"

노조(老祖) 말하기를, "제자에게 명백히 가르쳐 보여주지 아니하였으므로 못 일어나겠나이다."

종횡(宗橫)이 말하기를, "내가 앞서 그대에게 명백히 가르쳐 보여주었는데, 어찌 명백치 않다 하는가?"

노조(老祖) 말하기를, "제가 살던 사수국(泗水國)에도 귀의삼보(歸依三寶)란 것이 있는데, 당신께서 하시는 귀의(歸依)와 제가 살던 곳에서 하는 귀의(歸依)는 음(音)이 같아도 글자가 같지 않습니다."

종횡(宗橫)이 말하기를, "그대의 귀의삼보(歸依三寶)란 것은 어떤 것인가?"

노조(老祖) 말하기를, "사부(師傅)시여 앉으소서. 제자가 자세히 설명하겠습니다. 제가 살던 곳에 귀의불(歸依佛)은 삼심(三心)을 바로 잡고, 육욕(六慾)을 쓸어버려, 항상 맑고 고요히 하므로써 진성(眞性)을 어지럽히지 아니함인데, 이것이 바로 귀의불(歸依佛)입니다."

종횡(宗橫)이 묻기를, "그러면 어떤 것이 귀의법(歸依法)인가?"

노조(老祖) 말하기를, "예(禮)가 아니면 말하지 말고, 예(禮)가 아니면 행하지 않아야, 몸에 의외의 행동이 없고, 입으로는 속이는 말을 하지 않고 말마다 도리에 맞는 말을 하고, 행동 하나 하나가 규칙에 맞아 지극한 이치와 합하므로써, 국법에 접촉되지 않으니, 이것을 귀의법(歸依法)이라 하나이다."

종횡(宗橫)이 말하기를, "그러면 어떤것이 귀의승(歸依僧)인가?"

노조(老祖) 말하기를, "일신(一身)이 청정(淸淨)하면 삼계(三界)를 벗어날 수 있습니다. 법신(法身)을 알려면 안신입명(安身立命)해야 할 곳이 있는데, 어머니 태중에 투입되었던 그 자리가 바로 안신입명해야 할 곳입니다. 태어날 때 어디에서 오고, 죽을때는 어디로 떠나가는가 하는 그 생사관문(生死關門)을 터득하고, 청정법신(淸淨法身)의 처소를 밝혀 꿰뚫으면, 항상 존재하면서 멸(滅)하지 않게 되는데 이것이 바로 귀의승(歸依僧)입니다. 사부(師傅)님이 제자에게 법륜(法輪)이 항상 돈다고 가르쳐 주셨는데, 어떻게 법륜(法輪)이 도는 것인지 알지 못하겠습니다."

종횡(宗橫)이 말하기를, "아침에 삼천번 소리내어 염불(念佛)하고, 저녁에 삼천번 소리없이 염불(念佛)하느니라."

노조(老祖) 말하기를, "만일 색(色)이 있고 소리(聲)가 있으면, 이 또한 청정(淸淨)이 아니니, 이와같은 염불(念佛)방법이 어찌 만족한 도(道)라 할 수 있겠습니까? 내가 있던 그곳에서는 법륜(法輪)이 항상 돈다는 것은, 염불(念佛)을 하지 않아도 저절로 돌아서, 때때로 단전(單傳) 된 그 자리를 깨쳐 사무치기도 하고, 각각(刻刻)으로 진규(眞竅)에 마음의 수인(手印)을 박아, 허무혈(虛無穴)에서 청기(淸氣)가 스스로 돌도록하여 상작교(上鵲橋)에서 중루(重樓)에 내리며 강궁(絳宮)을 경유하여 단방(丹房)을 통과하고 방촌(方寸)을 돌아서 미려관(尾閭關)에 들어가 협척관(夾脊關)을 뚫고 옥침(玉枕)에 이르며, 옥침(玉枕)에서 통천규(通天竅)에 사무치고, 통천(通天)에서 칠보(七寶)로 떨어지며, 칠보(七寶)에서 보장(寶藏)에 들며 보장(寶藏)에서 철고(鐵鼓)를 뚫고 나가며, 철고(鐵鼓)에서 수미(須彌)로 사무치고, 수미(須彌)에서 산림(山林)에 사무치고, 산림(山林)에서 영산(靈山)에 사무치고, 영산(靈山)밖 팔괘(八卦)의 감리(坎離) 가운데 팔만사천(八萬四千) 무봉쇄(無縫鎖)에 도착하면, 다만 한 개의 열쇠로 열 수 있는데, 허무혈(虛無穴) 현관규(玄關竅)가 개통(開通)되니, 단번에 천태(天台)에 오를 수 있다고 가르치고 있습니다."

종횡(宗橫)이 잠깐 생각하기를, '내가 당초에 일규불통(一竅不通)이라고 나무랬더니, 그가 오장(五臟)속에다 진짜 보배를 담고 있는 줄을 누가 알았으리오! 그가 이런 여러 가지 도리(道理)를 너무나 잘 알고, 이렇게 마음이 맑고 뜻이 높고 보는 것이 밝은 사람으로서, 도리(道理) 또한 모르는 것이 없고, 깨닫지 못한 것이 없으니, 나는 겨우 눈(眼)은 있으나 눈동자가 없는 것과 같구나. 아무리 곰곰히 생각해 보아도 공연히 그의 절을 잘못 받았도다. 이제는 뉘우쳐도 늦었구나.'

그렇게 생각하면서도 종횡(宗橫)이 다시 용기를 내어 큰 소리쳐 말하기를, "제자는 일어나라."

노조(老祖) 말하기를, "못 일어나겠나이다."

종횡(宗橫)이 말하기를, "어찌하여 못 일어나겠는가?"

노조(老祖) 말씀하시기를, "제자 사부(師傅)께서 도법(道法)을 전수(傳授) 하시기를 바라오니, 자비하여 가르쳐 보여 주소서. 내가 한가지 명백하게 알고자 하는 일이 있습니다."

종횡(宗橫)이 말하기를, "무엇이 그리 알고 싶은가?"

노조(老祖) 말하시기를, "사부(師傅)시여, 이곳에서는 하늘이 몇 개나 있다 하는지 모르겠습니다."

종횡(宗橫)이 말하기를, "혼원일기(混元一氣)로, 다만 한 개의 하늘이 있노라."

노조(老祖) 말하기를, "내가 있던 그곳에서는 사람 사람마다 각각 한 개의 하늘이 있는데, 바로 이것은 어린아이 남녀 할 것 없이 모든 사람들에게 한 개의 하늘이 갖춰져 있다는 말입니다."

종횡(宗橫)이 말하기를," 나는 본래 하늘이 없노라."

노조(老祖) 말하기를, "사부(師傅)께서는 하늘이 없으므로, 천리(天理)와 합하지 못하니, 어찌 능히 수도(修道) 요도(了道) 할 수 있겠습니까?"

종횡(宗橫)이 말하기를, "그대에게 이미 천리(天理)가 있다하니 내가 듣도록 말해 보라."

노조(老祖) 말하기를 "사부(師傅)는 앉으소서. 제자가 하나하나 설명하겠습니다. 옛말에 불법(佛法)은 가벼히 누설(漏洩)치 못한다 하였는데, 선기(禪機)를 어찌 함부로 전하겠습니까? 내가 지금 당신을 가르치기위해 일주(一炷)의 맑은 향을 올리나니, 나의 말을 처음부터 자세히 들으시오. 하늘은 하나의 대천(大天)이 되고 사람은 하나의 소천(小天)이 되니, 하늘에는 팔만사천(八萬四千) 별자리가 있고, 사람에게는 팔만사천(八萬四千) 털구멍이 있으며,

하늘에는 삼백육십오일(三百六十五日)이 있어 일년(一年)이 되고, 사람에게는 삼백육십오개(三百六十五個)의 골절(骨節)이 있어 곧 한 주천(周天)을 이루며, 하늘에는 이십사절기(二十四節氣)의 음양(陰陽) 열두달이 있고, 사람에게는 이십사(二十四) 굴절(屈折) 대장의 음양(陰陽) 본명(本命)이 있으며, 하늘에 십팔도(十八度)가 있는데, 이는 사람의, 소장십팔(小腸十八) 굴절(屈折)과 짝을 이루며, 십팔층지옥(十八層地獄)이 있고, 하늘에 십이원(十二元)이 있는데, 이는 사람의 인후(咽喉) 열두마디로 일년 12개월(一年十二個月)과 대조되어 중루(重樓)라 부르며, 하늘에 오두육성(五斗六星)이 있고 사람에게는 오장육부(五臟六腑)가 있으며, 하늘에 금목수화토(金木水火土) 오행(五行)이 있어 오방(五方)의 근거가 되고, 이는 사람에게 있는 대장(大腸)·소장(小腸)·방광(膀胱)·쓸개·밥통 다섯가지로 오후(五候)라 이름하며, 하늘에 있어서는 동두(東斗)에서 서두까지 팔만사천유순(八萬四千由旬)·남두(南斗)에서 북두(北斗)까지 십만구천오백유순(十萬九千五百由旬)이 되고, 사람에게 있는 단전(丹田)은 왼쪽을 정해(精海)·오른쪽을 기해(氣海)·미려관(尾閭關)을 혈해(血海)·천조혈(天潮穴)을 골수해(骨髓海)라 하여 이 네 곳을 사해(四海)라 이름하는데, 동해(東海)에서 서해(西海)까지 팔만사천혈문(八萬四千穴門)이 있고 남해에서 북해(北海)까지 십만구천오백혈문(十萬九千五百穴門)이 있으며, 하늘에 있는 천하(天河)는 황하(黃河)와 이어져서 곤륜산(崑崙山) 마루에 반응(反應)을 일으켜 수로(水路)를 바꾸어 주고, 밤낮으로 쉬지 않고, 삼십육도(三十六度)로 회전하며 칠십이화후(七十二火候)를 안배하고, 사람에게도 천근(天根)이 있어 지근(地根)과 이어지고 천하(天河)는 은하(銀河)와 이어져서 매달에 삼십육도(三十六度)로 회전하며, 하늘에는 태양(太

陽)·태음(太陰) 두 신(神)이 있고, 사람에게는 정(精)·기(氣) 두 신(神)이 있으며, 하늘에는 해(日)·달(月)이 있고, 사람에게는 두 눈(目)이 있어 왼쪽은 해(日)가 되고 오른쪽은 달(月)이 되며, 하늘에 태양(太陽)·태음(太陰)이 있어 천하를 비추며 일일(一日) 일야(一夜)에 일만삼천오백도 (一萬三千五百度)를 가는데, 일도(一度)라도 미쳐 못 가면 음양(陰陽)이 전도(顚倒)되고, 사람의 태음(太陰)과 태양(太陽)이 일신(一身)을 두루 비추고 일일(一日) 일야(一夜)에 또한 일만삼천오백식(一萬三千五百息)의 호흡을 하는데, 한 번이라도 호흡이 미치지 못하면 삼재팔난(三災八難)이 있게 됩니다. 이제 사부(師傅) 께서 모든 경보(經寶)가 있다 하였는데, 어찌 뇌조경(雷祖經)에 있는 말씀인 신중구령(身中九靈)을 알지 못하십니까? 왜 가르쳐 지도해 주지 않습니까?"

(23) 불문(佛門)에 귀의(歸依)하는 종횡(宗橫)

바로 그때, 종횡(宗橫)이 듣고 마음이 환희롭고 속이 통쾌하여 머리를 숙여 말이 없다가, 머리를 땅에 닿도록 숙이고 노조(老祖)께 이구십팔배(二九十八拜)의 절을 올리면서

읊어 게(偈)하기를,
"이구(二九)로 스승께 절하고 십팔배(十八拜)올리며
사죄(赦罪)를 비는 피눈물 흘립니다.

제가 이제 잘못하여 좌도(左道) 방문(旁門)에 들어가
눈(眼)은 크나 눈동자가 없어서 사람을 몰라 보았습니다.

원래 스승님은 진짜 나한(羅漢)이신데
어찌하여 홍진세계(紅塵世界)에 오시었습니까?

명사(明師)께 원구(願求)하건데, 삼계(三界)를 벗어날 수 있도록 하여 주시고
믿던 도가(道家)를 불문(佛門)으로 바꾸어 고해(苦海) 침륜(沈淪)을 벗어나도록 하여 주소서."

노조(老祖) 말하기를, "당초에 내가 절하여 당신을 스승으로 섬겼는데, 이제 당신이 나를 스승으로 섬기려 한다고, 어찌 대담하게 당신을 제자라고 부르리요."

종횡(宗橫)이 말하기를, "용서하여 주시기를 간구(懇求)하오며, 원컨데, 문하(門下)로 삼아주소서. 제가 도문(道門)에 들기는 했으나 진전(眞傳)을 얻지 못하다가, 이제서야 신묘(神妙)한 법어(法語)를 들으니, 꽉 막혔던 어리석음이 처음으로 열렸습니다. 사부(師父)께 바라옵건데, 특별히 죄를 용서하여 주시고 사면(赦免)하여 주소서. 제자 눈(眼)은 있어도 눈동자가 없어 보지 못하여 사부(師傅)께서 범세(凡世)에 강림(降臨)하신 것을 알지 못하여 이렇게 죄를 범하였습니다."

노조(老祖) 말하기를, "앞서 내가 절하고 당신을 스승으로 섬길 때, 당신께 세가지 문제를 물었는데, 이제 당신이 나를 스승으로 섬기려하매, 내가 또 당신에게 세가지 문제를 묻겠노라. 그대가 수도함에, 어떤 법(法)으로 수도하려 하는가?"

종횡(宗橫)이 대답하기를, "일신(一身)의 법(法)을 닦겠습니다."

노조(老祖) 말하기를, "그대가 일신(一身)의 법(法)을 닦겠다하

니 묻겠다. 그 당시, 그대의 어머니가 그대를 복중(腹中)에 십개월을 품고 있을 때, 그대의 삼백육십오골절(三百六十五骨節)이 생겼는데, 한 덩어리가 어디서부터 먼저 생기기 시작하였는가?"

종횡(宗橫)이 말하기를, "나의 어머니가 나를 잉태하여 품고 있을 때, 제자는 단정히 정좌(正坐)하여 한 칸으로 이루어진 집에 살면서 아무것도 모르고 있었는데, 어찌 이런 기이한 일들을 알 수 있겠습니까?"

(24) 태어나고 죽어가는 일신법(一身法)의 상황

노조(老祖) 말하기를, "그대가 일신(一身)의 법(法)을 닦겠다고 말하여서 내가 물으니, 모르겠다하므로, 이제 내가 그대에게 설명하여 그대로 하여금 마음에 새겨두게 하리라. 그대의 어머니가 낳을 때, 그대가 남자였으니, 먼저 그대의 남천문(南天門) 한 덩어리가 생겼다. 그러므로 남자는 하늘이 된다. 그대의 정수리(腦頂)가 생길 때, 어머니의 뇌두개골(腦頭盖骨)의 신(神)을 빼내가므로, 어머니의 정수리가 2개월동안 아팠던 것이다. 그대가 이러한 정황(情況)을 알겠는가? 만일 그대가 여자로 태어났다면, 먼저 발바닥 용천혈(湧泉穴)이 생겼으리라. 그러므로 여자는 땅이 된다. 용천혈(湧泉穴)이 생길 때, 어머니의 장딴지 맥(脉)을 빼내가므로, 어머니의 무릎이 구십일 동안 아팠던 것이다. 그대 또한 이러한 정황(情況)을 가히 알 수 있겠는가?"

종횡(宗橫)이 말하기를, "제자는 도무지 모르겠습니다."

노조(老祖) 말하기를, "내가 또 그대에게 한가지 묻겠노라. 그대가 어머니 뱃속에 있을 때, 그대의 성령(性靈)이 있었는가 성령

(性靈)이 없었는가?"

종횡(宗橫)이 말하기를, "천겹 피부 속의 일인데, 어찌 알 수 있겠습니까?"

노조(老祖) 말하시기를, "사람에게 어찌 천층 피부가 있겠는가? 한 층의 고기에 불과할 뿐, 다만 사람이 어머니 뱃속에 있을 때, 어머니의 총관(總管)이 아이의 숨구멍(頂門)에 붙어 있고, 어머니의 배꼽과 아이의 배꼽이 서로 접촉을 이루면서, 탯줄이 아이의 입이되어 어머니의 혈맥(血脈)을 빨아들이므로, 남자라면 어머니의 왼편 허리 위에 자리잡고, 여자라면 어머니의 오른편 허리에 자리잡고 앉아서, 매일 어머니와 연결된 배꼽줄을 아이가 입삼아 머금고 모친(母親)의 혈맥(血脉)을 빨아 들이는데, 이것을 제유(臍乳)라고 한다.

때가 이르면 오이가 익어 꼭지가 떨어지듯, 비로소 아이를 낳게 된다. 내가 이제 파헤쳐 밝히리니 예로부터 아픔이 없으면, 생(生)도 사(死)도 없다 하였다. 모친(母親)이 그대를 낳을 때, 배꼽위 한치삼푼(一寸三分) 위가 칼로 베는 것 같은 아픔을 겪으면서 비로소 그대를 낳았 듯이, 장차 죽을 때 배꼽아래 한치삼푼(一寸三分) 위가 물 끓는 냄비에 게가 떨어진 것 같은 아픔을 겪으면서 죽으리라.

모친(母親)이 그대를 낳으려고, 단정히 해산할 때를 당하여 몸을 풀 때, 모친(母親)에게 본전을 또 요구하나니, 그때 모친(母親)이 지혜를 불어넣어 불도(佛道)를 깨닫게하려는 제호관정(醍醐灌頂)의 공(功)을 들여, 연거퍼 세 모금의 원기를 돌려서 아이에게 주어 근본(根本)을 만들도록 하고, 또 한 모금의 원기(元氣)를 아이의 숨구멍(頂門)에 부어넣으면 아이가 즉각 땅에 떨어지게 되는 것이다.

모친(母親)이 본전(本錢)을 반(半)은 나누어 아이에게 주고, 반(半)은 남겨서 자신을 보존 하나니, 모친(母親)이 세모금 원기(元氣)를 모조리 아이에게 주어버리면 어머니는 죽고 아이만 산다.
　이것이 바로 자식이 어머니의 신명(身命)을 빼앗었다는 것이다. 그러므로 곧 둘로 나누어, 아이에게 반(半)을 주니 다보불탑(多寶佛塔)이 되고, 어머니는 본래 석가불(釋迦佛)인 것이다.
　그대가 어머니 뱃속에 있을 때, 삼원(三元)이 있는데, 이 천원(天元)·지원(地元)·인원(人元) 중, 천원(天元)이 부족하면 숨구멍이 열리지 아니 하므로 저 한 점(點) 영광(靈光)이 들어가기 어렵고, 지원(地元)이 부족하면 무릎이 생기지 못함으로 홍진세계(紅塵世界)에 뛰어 나오기를 두려워하고, 인원(人元)이 부족하면 이빨이 나지 않으므로 중생의 고기 씹어 먹기를 두려워한다.
　그대를 낳아 땅에 떨어질 때, 미미(微微)한 한바탕의 맑은 바람이 영광(靈光)의 성(性)을 보내와서 아이의 현관규(玄關竅) 구멍으로 들어가게 된다.
　이것을 가리켜 성령(性靈)이 명(命)에 투입되었다 하는 것이니, 비로소 안신(安身)할 땅이 되는 것이다.
　이때에 고함치며 벼락 때리듯 침을 꽂듯 일점(點) 성령(性靈)이 투입되어 접착(接着)되면 아이가 울고, 만일 착지(着地) 하지 못하면 좌불수(坐不收)라고 이름하여 죽은 아이가 되는데, 그렇게 되면 모친(母親)은 공연히 한바탕 신고(辛苦)만 하고 마는 것이다."
　노조(老祖) 말씀을 마치니, 종횡(宗橫)이 얼굴 가득 눈물을 흘리며 말하기를, "제자 지금까지 한바탕 헛 수도만 했습니다. 오늘에야 생사(生死)의 오고가는 문호(門戶)를 알았습니다. 원래 제가 이전에 설(說)한 법(法)은 모두 다른 사람들이 지어 놓은 것이므로, 얼기설기 뒤얽혀 칠장팔단(七長八短)이 되어 모두가 사각과 원형의 법칙에 맞지 않나이다."

노조(老祖) 말하기를, "그대가 여러 가지 다 잘 알고, 어느것이나 다 통(通)하니, 내 다시 그대에게 묻겠노라. 사람이 죽을 때 어디로 쫓아 죽음이 오는가?"

종횡(宗橫)이 말하기를, "제자 어리석은데, 어찌 알 수 있겠습니까?"

노조(老祖) 말하기를, "이제 자세히 들으라, 그대에게 명백히 지시하리라. 대개 사람이 죽을 때, 먼저 용천(湧泉)에서부터 얼음과 서리같이 차갑게 바짝 말라 들어가는데, 아프기가 칼로 짜르는 듯 지근(地根)이 끊어진다. 발바닥 용천(湧泉)이 지근(地根)인데, 만약 지근(地根)이 끊어지면 이어져 있는 천근(天根)도 또한 끊어진다. 저 한점(點) 영광(靈光)이 굳게 안좌(安坐)하지 못하고, 쌍림수(雙林樹)를 뚫고 올라가는데, 금침명량(金針明亮)이 나타나면서 곧 바로 곤륜산(崑崙山) 산마루로 올라간다. 낳는 것은 남극(南極)으로 쫓아오고, 죽는 것은 북극(北極)으로 쫓아 가나니, 사람들이 비록 수행한다 하나, 생사(生死)의 이치를 밝히지 못하고 있다.

이제 또 그대에게 묻노니, 그대의 모친(母親)이 그대를 뱃속에 품고 있었던 십개월 동안에, 어머니의 정기(丁氣)를 빼고 골수(骨髓)를 뽑을 때, 그대가 어디로부터 어머니의 정기(丁氣)를 빼기 시작했고, 어머니가 백팔(108) 곤란을 받을 때에 어디로부터 어머니가 고통을 받기 시작했는지 그대는 가히 알겠는가?"

종횡(宗橫)이 말하기를 "제가 우매한데, 어찌 능히 알겠습니까?"

노조(老祖) 외쳐 말하기를 "그대는 가까이 와서 무릎을 꿇으라.

내가 근본적인 정황(情況)을 들어서 처음부터 그대에게 해설하리라. 그대가 지금 수행한다고 명예만 얻으려 이름만 걸어놓고, 진실로 이치를 궁구치 않했으니, 어찌 그 정황(情況)을 밝힐 수 있으리. 다만 황의(黃衣)만 걸치고 염주(念珠)를 들고 동서로 다니며 미매한 사람들을 속이고, 입으로는 수행을 한다고 말하면서, 마음은 닦지않고 재물과 보배를 탐내어 아끼고, 되는 대로 문(門)에 가득차도록 지나치게 구하고, 헛된 명예와 쓸데없는 이익만 도모했을 뿐인데, 어디에 깊은 도(道) 맛이 있겠는가? 내가 태골경(胎骨經)의 진면목(眞面目)을 자세히 말하리니, 마음에 확실히 새겨두도록 하라."

(25) 태골경(胎骨經)과 어머님 은혜

"내가 오늘 사람 몸의 생장(生長)하는 정황(情況)을 자세히 논(論)하리라. 어머니가 열달 동안 태(胎)에 품으시고 고통 중에 육성(育成)하니

일년(一年) 사계절 모두 어머니 몸 너무 참혹하다.
온도를 알맞게 맞추어 포태(胞胎)를 길러 공(功)이 점점 차서

한달 동안 자라면 매태(膜胎)라 하여 풀잎에 맺힌 이슬 그림자 같이 어리는데
종적도 볼 수 없고 이름도 없고 형상도 없다.

두달을 자라면 배태(胚胎)라 하는데 음양이 서로 반응을 일으

켜서
　그대의 어머니가 자리에 누워서도 취한 듯 혼미한 듯

　잠자리에서도 게을러져 몸을 움직이기 싫고 온몸을 두들겨 맞은 것 같고
　일어나서도 걷기가 어렵고 머리는 무겁고 다리는 휘청거린다.

　삼개월을 영태(靈胎)가 자라니 신장(身長)이 여섯치가 되고
　그대의 어머니가 그대를 착상(着床)하여 품음으로 병(病)이 와서 침노한 것 같도다.

　한 뼈가 자라나면 한 뼈를 당기어 정기(丁氣)를 빼고 골수를 빼내
　가슴속을 끓인 듯 더워 찬물 생각이 나니 곧 물이 먹히고

　차(茶)도 식사도 생각없고 온 종일 어리 벙벙하고
　걸어도 불안하고 앉아도 편안치 못하여 병마(病魔)가 온몸을 감은 것 같다.

　사개월을 영태(靈胎)가 자라니 사지(四肢)가 정(定)해졌다.
　먼저 다리가 생기고 뒤에 손이 생기니 가을·여름·겨울·봄 사계절과 같은 이치인 것이다.

　두 손이 생기고 어머니의 혈맥을 빼내 돌리니
　사창(紗窓)을 마주하고 자수를 놓는데 등뼈가 시큰거려 몸을 펴기가 어렵다.

두 발이 생기고 현관(玄關)을 지나서 용천(湧泉)에 까지 어머니의 피가 곧장 나아가니
평지를 걷는데도 높은 산을 오르는 것 같아서 무릎이 시고 아프다.

그대가 이제 수행한다 하면서 그 바른 이치를 알지 못하면
근본을 모두 잊어 버리고 품어주셨던 어머니에게 불효하는 것이다.

다섯달을 영태(靈胎)가 자라니 오체(五體)가 단정(端正)하고
천령(天靈·정수리)이 자라서 뇌개골(腦蓋骨)을 이루니 어머니 머리가 아프게 된다.

앞에 여드레 뒤에 여드레 생사문(生死門)의 통로가 생기고
왼쪽 여드레 오른쪽 여드레는 현빈(玄牝)의 문이 생긴다.

두발(頭髮)과 개미강(蓋眉腔)이 자라고 생기니, 구토·현훈증(眩暈症)이 나고
진흙소가 바다 밑을 뒤집는 것과 같이 어머니 가슴이 답답하다.

그대가 이제 수행한다 하면서 이 길을 모르면
불문(佛門)에 들어와 공환(空幻)을 깨친들 어떻게 어머니의 은혜를 갚으리!

여섯달을 영태(靈胎)가 자라니 육근(六根)의 성질(性質)이 나뉘는데

먼저 눈이 통하고 뒤에 귀가 통하고 코와 혀가 모두 이루어졌다.

눈(眼)을 통하라고 아이에게 안광(眼光)을 주니, 어머니의 눈이 어두워지고
귀를 통하라고 아이에게 소리를 주니 어머니의 귀에 우는 소리가 난다.

혀가 자라도록 아이에게 혀뿌리를 주니 가지에 새로 나온 잎이요 싹이다.
아이의 삼화(三花)가 가을 물처럼 푸르러 혓바닥에 진(津)이 생긴다.

그대가 이미 수행한다 하나 도(道)를 행하여 이해할 줄 모르고
눈으로 귀로 성색(聲色)을 탐하여 살피고 코로 혀로 맛있는 음식과 향내나는 것을 좋아하고

고기를 먹고 남의 허물이나 말하고 또 마음이 바르지 못하니
부모를 땅에 묻은 장례 뒤에 깊은 구덩이에 떨어질 것이다.

일곱달을 영태(靈胎)가 자라니 칠규(七竅)가 정해지고
왼쪽은 심간(心肝)·오른 쪽은 폐부(肺腑)가 갖추어져 범은 울고 용은 소리낸다.

비위(脾胃)가 자라니 곡물창고가 완비되고 대장·소장의 모습이 나뉘어지고

그대의 어머니는 원기가 약해지고 가슴이 몹시 아프다.

앞에는 주작(朱雀), 뒤에는 현무(玄武) 방광(膀胱)과 양쪽 콩팥이 생기니
날이 갈수록 점점 아이의 몸이 커져서 무겁기가 천근이나 된다.

보물 창고가 모두 완성되고 어머니가 음식 먹을 생각이 나지만
맛 좋은 음식이 있어도 입에 댈 수가 없다.

도회지에 살게되면 필요에 따라서 무엇이든 할 수 있지만
변방 아주 구석진 촌에 살면 어찌 마음대로 몸조리 할 수 있겠는가?

부귀한 집안은 영화를 누리고 심성(心性)이 수고로울 것 없지만
빈궁한 사람은 이런저런 살림 꾸리기에 조석으로 정신없이 바쁘다.

밤이 되면 어머니는 번민하여 중병앓는 사람같다.
그대가 이제 어머니를 버리고 떠났으니 어떻게 그 깊은 은혜를 갚을 것인가?

여덟달을 영태(靈胎)가 자라니 팔맥(八脈)이 왕성하게 돌고
칠보지(七寶池)와 팔덕수(八德水)와 팔옥(八獄)도 몸에 모이게 된다.

밤이 되면 어머니가 잠을 잘 때 평온하지 못하고
베개를 베고 누우나 숨이 차서 움직이기 어렵다.

길을 걸을 때 어머니의 걸음은 갈까마귀 걸음 같고
어머니가 목이 말라 냉수를 마시니 얼음같이 차고

더운 것을 마시니 속이 타는 듯 참을 수가 없다.
머리가 무거워 들 수가 없고, 허리가 꾸부러져 톱으로 켜는 것 같이 아프고

아이가 배고파서 어머니 피를 빠니 가슴이 빈 듯 답답하다.
온갖 여러 가지 고통은 잉태했기 때문에 겪는 간난신고(艱難辛苦)이다.

그대가 이제 도인이 되고 신체가 장대하고 건강한데
어머니께서 낳아주시고 잉태해 주신 은혜를 어떻게 보답할 것인가?

아홉달을 영태(靈胎)가 자라니 삼환(三還) 구운(九運)의 재주를 부린다.
어느날엔가 느닷없이 아이가 몸을 뒤척일때 어머니의 배는 칼로 베는 듯 하다.

왼쪽에서 노는 것은 남자라 육양(六陽)이 모여 나아가니
뱃속에서 자식 도리를 행한다고 두손으로 어머니 심장을 받든다.

오른쪽에서 노는 것은 여자라 육음(六陰) 기운(氣運)이 도는데
기운이 아래로 내리는 날은 허리와 무릎이 시고 아프다.

그대가 이제 도인이 되었으나 수승화강(水昇火降)의 운행을 못하고
유위(有爲)의 꾸민 가상(假相)에만 매달려 있는데 어찌 어머니의 은혜에 보답할 것인가?

십개월에 태(胎)가 만족하니 오이가 익어서 꼭지가 떨어지 듯
해산할 때 어머니가 몸을 풀면서 구사일생(九死一生)의 고통을 받는다.

첫째로 두려운 것은 『토염생(討鹽生)』인데 두손으로 아래를 치며 힘써 버티니
복중(腹中)에 가로 누워있기 때문에 낳기 어려워 담(胆)은 떨어지고 혼(魂)은 놀랜다.

둘째로 두려운 것은 『이포생(離胞生)』인데 어머니가 명(命)을 보전하기 어려우니
전연 냉기도 열기도 느낄 수 없고, 앉으나 누우나 편안치 못하다.

셋째로 두려운 것은 『엄배생(掩背生)』인데 어머니의 가슴이 너무나 고통스럽고
몸을 풀때의 천만 고통 하소연 할데도 없고 나눌 곳도 없다.

넷째로 두려운 것은 『분시생(分尸生)』인데 어머니의 수명이 다 되니
　이것은 전생의 원채(寃債)로 명(命)을 가지고 어머니는 죽어 저승길로 돌아간다.

　다섯째로 두려운 것은 『추장생(推腸生)』인데 오장(五臟)이 뒤틀리니
　백정도 손 못대리 만큼 울부짖는 소리 그치질 않는다.

　여섯째로 두려운 것은 『하포생(荷胞生)』인데 활을 온갖 힘을 다하여 벌리 듯
　겨드랑이를 무릎위에 얹어놓고 화살을 쏜 것처럼 아이를 낳는다.

　일곱째로 두려운 것은 『반장생(蟠腸生)』인데 명(命)을 건지기 어려워
　아이도 죽고 어머니도 죽고 모자가 같이 저승길을 동행한다.

　여덟째로 두려운 것은 『추장생(墜腸生)』인데 아이는 살아서 태어나지만
　포의(胞衣)가 나오지 않아 어머니는 남은 생(生)의 명(命)을 보내고 죽게 된다.

　아홉째로 두려운 것은 『답련생(踏蓮生)』인데 두다리를 무릎 꿇고 버티다가
　어머니는 그렇게 겨우 명을 건져 죽다가 살아난다.

아이를 낳으면, 한 동이 깨끗한 물로 아이를 씻기는데
만일 더러운 물을 땅에 함부로 쏟으면 그 죄가 가볍지 않다.

삼일이 되어 아이가 태어났다고 축하잔치를 베풀 때, 산 생명을 죽여서 친척들을 대접하면
명(命)을 죽인 것이 빚되고 죄(罪)가 되어 어머니에게 몰려든다.

더러운 옷을 빨아서 하늘이 보이게 말려도 모독죄(冒瀆罪)를 벗어날 수가 없고
당전(堂前)을 다니고 조옥(灶屋)을 왔다 갔다 해도 신명(神明)에게 죄(罪)가 된다.

피를 많이 쏟아 흘린것도 죄(罪)가 되고 윤회죄가 되었는데
어떤 진짜 효자가 있어 어머니를 대신하여 그 벌을 받을 것인가?

논(論)하건데, 모친(母親)이 나를 낳아주신 고통은 실로 이루다 말로 할 수 없다.
어머니가 몸을 양육해주신 은혜가 어떤 것인지 가르쳐 전해 그대가 듣게 하리라.

3년 동안 젖먹이고, 9년 동안 기르기에 얼마나 힘들었는가?
마른자리에 아이 옮기고 어머니가 습기찬 자리잡고 누우시니 천신만고(千辛萬苦) 다 겪으셨다.

삼복(三伏) 더위에도 아이를 안아 재우고 땀띠도 아랑곳하지 않고
　　어머니는 아이 걱정으로 그 고통을 달게 받는다.

　　겨울이 되면 어머니는 습기에 누워 자면서도 아이가 찬 공기를 받을까봐 걱정하며
　　어쩌다 감기에 걸리면 급히 서둘러 치료하며 깜짝깜짝 놀래는 일 진저리날 정도로 수없이 받는다.

　　똥·오줌 눌때마다 서둘러 받아내고 아이 안아 깨끗이 씻겨주고
　　냄새를 싫어하지 않고 똥걸레를 빨고 기저귀도 갈아준다.

　　부자집에서는 기저귀가 많아서 씻을 때 바꾸어 채우고 문제되지 않지만
　　가난한 사람은 빨을 때 바꾸어 채울 기저귀가 없어서 낳고도 기르기가 어렵다.

　　천연두가 나든지 병이 들면 시각으로 걱정하여
　　품에 안았다가 등에 업었다가 다시 품에 안아 신명에게 빌기도 하고,

　　원근(遠近)을 가리지 않고 돈을 쏟아가며 명의(名醫)를 청하고 근심됐던 병이 나아야 비로소 마음을 놓는다.

　　어머니의 젖을 오래 빨아먹기 때문에 어머니의 얼굴이 너무 마

르고
　어머니의 수많은 원기와 정신이 희미해 진다.

　어머니는 꽃과 같아서 열매를 맺으면 꽃은 반드시 처량하게 시드나니
　자식이라면 마땅히 씨가 되어 뿌리를 잃지 않아야 한다.

　근본이 무너지면 어찌 사람이라 하겠으며 천도(天道)가 어찌 응하겠는가?
　하늘 나라 천궁(天宮)에 불효했던 진인(眞人)은 하나도 없다.

　그대가 오늘날 이미 수행하는 것은 현인(賢人)·성인(聖人)이 되고자 함인데
　장차 어머니가 낳고 길러주신 은혜를 어떻게 돌이켜 청산하려 하는가?"

　종횡(宗橫)이 듣고 통곡하여 마지 않았다. "제가 출가(出家)하여 잘못 수행(修行) 하였는데, 태골경(胎骨經)중에 있는 이치와 부모님이 낳아주시고 길러주신 은덕을 어찌 알 수 있었겠습니까? 이제 명사(明師)의 교훈을 얻게 되어, 막혔던 어리석은 마음이 이제야 열렸나이다. 바로 이것이 이른바 나무는 고요히 있고자 하나 바람이 그치질 않고, 자식이 봉양하고자 하나 부모님은 계시지 않도다 하신 말씀인데, 어떻게 하여야 능히 어머니가 낳아주신 은혜를 보답할 수 있으며, 지옥의 고통에서 벗어날 수 있게 해 드릴 수 있겠습니까?"
　노조(老祖) 말하기를, "공경(恭敬)과 정성(精誠)은 이것을 『존

친(尊親)』이라 하고, 공명(功名)을 얻는 것을 『영친(榮親)』이라한다. 자식이 어버이에게 조석으로 문안 올리는 신혼정성(晨昏定省)을 『경친(敬親)』이라 하며, 어버이를 고생하며 힘써 봉양하는 것을 『양친(養親)』이라 하며, 한번 부르면 백번이라도 어김없이 대답하는 것이 『순친(順親)』이라 하니, 이것이 후천의 윤상지도(倫常之道)인데, 가히 이 『순(順)』자 하나가 완전히 갖추어졌다 하더라도, 어찌 능히 어머니의 은혜에 보답할 수 있으랴!

그대가 만약 어버이의 은혜를 보답하고, 지옥의 고통에서 벗어나시게 하려면, 반드시 효(爻)를 뽑아 빼서 괘상(卦象)을 바꾸어, 본래 옛고향 집으로 돌아가는 공(功)을 닦아 이루어야만이, 조상(祖上)이 초발(超拔)되는 공(功)이 성립되어, 바야흐로 양친 부모의 무량한 은혜를 갚게 되리니, 그렇게 된 후에라야 가히 완전한 효자(孝子)라 할만하다. 그대가 지금 도인(道人)이라는 가짜 이름을 가지고, 도(道)라는 것이 무엇인지도 모르면서, 양친 부모를 버리고 멀리 떠나 노니며 허망하게 날만 보내고, 다시 부모가 어떠한 희망을 걸고 있는지 조차 모르고 있으니 가르치는 말을 자세히 들으라.

부모가 어린 아이를 어루만져 장대하게 길러냄은, 부모가 돌아가실 때 슬프게 송별(送別)하는 사람이 되기를 바란 것인데, 어찌 자식의 마음이 쇳덩어리 같아서 부모를 버리고 객지에 나가 돌아오지 않을 줄 생각인들 했으랴! 자식은 부모를 이별한 것이 대수롭지 않겠지만 부모는 자식생각에 가슴을 화살로 뚫린 듯하다. 또 먹을것이 없어 배고플까, 자식이 몸을 가릴 옷이 없을까 걱정, 타향에 다니면서 의탁할 곳이 없을까 걱정, 눈으로 사람 사는 것을 살펴봐도 어디에 아는 사람이 있기나 하겠는가 걱정, 붉은 해가 서쪽으로 떨어져 잠기니 더욱 처참하기만 하다. 슬픔이 북받쳐 한

숨지며 방문만 지키고 있다. 춘(春) 삼월에 꽃이 피고 꾀꼬리 울어도 자식 생각에 한(恨). 가을철에 국화꽃 피고 기러기 울음소리에도 자식 생각. 하지(夏至) 되어 두견새 울고 숲이 우거져도 자식 생각. 겨울이 와서 말(馬)이 히힝 울고 말방울 소리만 들려도 자식 생각. 잠을 잘 때 삼경(三更)에 이르러 꿈을 꾸니, 꿈에 자식이 돌아와 빙그레 웃는 것을 보고, 느닷없이 꿈에서 깨어나 찾아도 자식은 보이지 않아, 다만 눈물을 머금고 달과 별만 바라본다. 베게가에 상심한 눈물만 흘러내려 적시고, 집앞을 두눈으로 뚫어질 듯이 바라보며, 편지나 전해오지 않을까 자식이 돌아오지나 않을까 바라지만, 맞상대할 친한 사람도 없고, 누구에게 물어볼 사람도 없다. 신불(神佛)에게 도와주십사 간구(懇求)하면서, 다만 자식이 집으로 돌아오기만 기원한다. 언제쯤 돌아올까나 점대를 뽑아 점을 쳐봐도 영험(靈驗)이 없고, 향불을 피우고 소원을 빌어도 아무런 소식이 없다. 쌍친(雙親)을 이별하는 것은 오히려 할 수 있다. 그러나 구름처럼 떠돌며 방탕하며 정처도 의지할 곳도 없으면서 도복(道服)을 입고 도모(道帽)를 쓰고 의젓이 도인 행세만 하고 있는데, 어찌 삼청(三淸)과 오행(五行)을 알겠는가? 산위의 사묘(寺廟)에 참배하고 절하며 사방으로 탁발하며 다니지만, 진법(眞法)을 깔아 뭉개고 가짜를 가지고 농간(弄奸) 부리며, 삼재팔난(三災八難)을 사람이 어찌하여 막을 수 없는데도, 피하게 해주겠다고 사람을 미혹시키고 속인다. 같이 다니는 도반(道伴) 가운데 몇이나 진짜배기가 있었던가? 혹은 암자나 큰 절에 거주하면서 송경염불(誦經念佛)로만 그럭저럭 세월을 보내며 입으로는 신선도 되고 도(道)도 깨쳤지만, 어디가 근원인지 찾지도 못한다.

    내가 이제 단 한마디 말로 도(道)를 타파해 주리니, 하필이면 겉치레로 꾸며진 헛된 학문만 숭상할 것인가? 귀의불(歸依佛)·귀의법(歸依法)·귀의승(歸依僧) 삼보(三寶)는 내몸에 있는 정(精)·기(氣)·신(神)이며, 감응(感應)·자비(慈悲)·충서(忠恕)를 말한 도(道)·불(佛)·유(儒) 삼교(三敎)는 원래 같은 『마음(心)』 하나에서 비롯된 것이다. 선도(仙道)는 원래 인도(人道)에서 일어난 것인데, 서방(西方)에는 충효(忠孝)하는 사람들이 많아서 지재(持齋)하고 계(戒)를 지켜 대도(大道)를 성취하여 조상과 종친(宗親)을 모두 초발(超拔) 천도(遷度)되게 한다. 내가 지금 일일이 그대가 들을 수 있도록 설명한 것은, 다만 그대를 구하여 고해침륜(苦海沈淪)에서 벗어나게 하기 위함이다. 이제, 성인과 범부 두 층간의 도(道)를 모두 타파해 주었으니, 그대가 지금 나에게 배례(拜禮)한 일이 헛되지 않았으리라."

종횡(宗橫)이 다 듣고는 무안하여 후회하기를 마지 못하고 울면서, 일심(一心)으로 잘못을 고치고 바른 길로 돌아와, 닦아 깨쳐서 정각(正覺)을 이루고 양친께서 낳아주시고 길러주신 은혜에 보답해 보고자, 다만 땅에 무릎을 꿇고 엎드려 애걸하면서 정법(正法)을 구하니,

노조(老祖) 말하기를, "그대가 이미 가슴 아파하고 회개하며 간절히 정법(正法)을 구하니, 헌공의식(獻功儀式)을 갖추어, 불전에서 원(願)을 세우라."

종횡(宗橫)이 일일이 모두 갖추고, 불전에 꿇어 지성으로 맹세하기를, "제자 구도(求道)한 뒤에 만일 두 마음을 품는다면 만겁(萬劫)의 침륜(沈淪)에 떨어지겠나이다."

노조(老祖) 말하시기를, "구도(求道)하는 제자는 성심(誠心)을 가지고, 삼귀(三歸)를 따르고 오계(五戒)를 지키고 법(法) 대로 실행하고, 십악(十惡)과 팔사(八邪)를 전부 제거(除去)하고 삼외

(三畏)와 구사(九思)를 모두 쫓으라. 한 구멍 일규(一竅)의 허령성(虛靈性)을 지점(指點)하여 개시(開示)하건데, 지선지지(至善之地)는 육신(六神)을 이끄는 곳이다. 육근(六根)이 청정(淸淨)하면 티끌이 일어나지 않고, 오온(五蘊)이 텅비면 환각(幻覺)도 생기지 않는다. 사람도 법(法)도 둘 다 잊어버리면, 적정(寂靜) 하면서도 더한 적정(寂靜)속에서 혼원일기(混元一氣)인 허공(虛空)을 보게 되리라.

다시 게송(偈頌)하여 이르기를,
한 구멍 일규(一竅) 허령성(虛靈性)은 선천대도(先天大道)의 뿌리로다.
동(動)하면서 정적(靜寂)한 이치 깨쳐 사무치면,

바야흐로 주빈(主賓)을 알게되고
단련하여 다른 사람도 나 자신도 없는 경지에 이르르면
죽음을 마치고 문득 초승(超昇)하리라."

(26) 십자게송(十字偈頌)

노조(老祖)께서는 생(生)과 사(死)가 비롯되는 정황(情況)과 공부를 시작하는 공정(功程)을 일일이 명백하게 가르쳐 주었으나, 종횡(宗橫)이 천도(天道)의 현묘(玄妙)하고 정미(精微)한 이치를 알지 못할까 두려워하여, 다시 일지(一指)로서 점파(點破)하여 문득 참오(參悟)케하고, 십자(十字) 게송(偈頌)으로 말하기를,

"제자에게 부탁하노니, 수도(修道)를 훌륭하고 명백히하라.
 삼심(三心)을 쓸어 버리고 사상(四相)을 날려 보내면 한 구멍 일규(一竅)가 천지도 포라(包羅)할 수 있으리라.

 만일 상(相)에 집착되어 문자(文字)에서 구하고 설법과 강론(講論)만으로 능사를 삼는다면
 수도하는자 쇠털같이 많을지라도 이루는 자는 쇠뿔처럼 드물 것이다.

 지혜있는 사람은 자기의 진짜 종자인 본성(本性) 하나를 밝히려고
 아침에는 참선하고 저녁에는 단련하여 성(性)을 좌정시키고 신(神)을 화기(和氣)롭게 하고,

 원신(元神)을 모으고 원기(元氣)를 기르고 정(精)을 단련하여 약(藥)을 채취하니
 정정(定靜)과 강유(剛柔)를 알게되는 파라밀다(波羅密多)가 나오노라.

 황노파(黃老婆)가 있어 고기가 뛰는 것을 보고 청탁(淸濁)을 분별해 주고
 우차(牛車)·양차(羊車)·녹차(鹿車)의 세 수레를 황하(黃河)에서 돌리며

 쌍림(雙林)에 놀다가 선도(仙桃)를 보니 뭇 쌍림(雙林)에서 축하를 드린다.

복숭아는 크지 않지만, 하늘과 땅과 해와 달과 산하(山河)를 모두 감싸고 있다.

　이 선도(仙桃) 복숭아는 너무나 맛이 좋아서 입맛에 탁 맞고
한 알만 먹어도 능히 오백년을 향수(享壽)할 수 있노라.

　그 복숭아 가운데의 아름다운 풍경은 실로 말로 다할 수 없고
　용이 범과 사귀고 거북이과 뱀이 희롱하면서 한 구멍에서 어울려 살고 있다.

　견우(牽牛)가 은하수 동쪽에서 와서 오작교(烏鵲橋) 위로 지나가고
　직녀(織女)가 은하수 서쪽에서 베짜고 있는 것을 볼 수 있노라.

　물위에 밑바닥 없는 배를 선(仙)·불(佛)이 같이 타고 앉아 있는 것이 보이고
　물가운데 고기가 용으로 화하여 비늘과 껍데기가 물결위에 나타나는 것이 보이며

　노옹(老翁)이 낚싯대를 드리우고 배 끝위에 앉아 있고
　팔선(八仙)이 와서 선가(仙歌)를 일제히 부르며 바다를 지나가는 것이 보인다.

　남극선옹(南極仙翁)이 선학(仙鶴)을 타고 선창으로 내려와 앉고
　관음모(觀音母)는 무대(戱頭)에 앉아서 원각(圓覺)과 회동(會

同)한다.

　목련(目蓮)스님은 석장(錫杖)을 짚고 십왕(十王)께 조하(朝賀)하고
　모든 선불(仙佛)을 일제히 가득 싣고 다함께 천하(天河)로 올라가서

　천하(天河)를 한바탕 노닐며 지나가 곤륜(崑崙)에 앉아
　개개(個個)마다 먹는 것은 바라밀다(波羅密多)라.

　곤륜(崑崙) 산마루에 여러 선궁(仙宮)과 누대(樓臺)
　무극전(無極殿) 요지(瑤池)에서는 삼교(三敎)가 동과(同科) 임을 명명(命名)하다.

　한곳 삼청전(三淸殿)에는 원시천존(元始天尊)께서 정좌(正坐)하고 계시고
　왼쪽은 영보천존(靈寶天尊)·오른쪽은 태상노군(太上老君)이 화평한 얼굴로 나란히 앉아 계시고

　한곳 영소전(靈霄殿)에는 옥황상제(玉皇上帝)가 앉아 계시고
　사천왕(四天王)·팔보살(八菩薩)은 경각(瓊閣)의 요처를 지키고 있고

　한곳 대웅전(大雄殿)에는 문불(文佛)이신 석가불(釋迦佛)이 앉으셔서
　경문(經文)을 강론(講論)하고 도법(道法)을 설하시니 바로 옥

률금과(玉律金科)로다.

앵무새 · 학 · 빈가조(頻伽鳥)가 열심히 설법을 듣고
모든 제자 일제히 합장하며 미타(彌陀)를 염불한다.

그 가운데 현묘한 말씀은 자세히 이해하기 어려우니
제자는 심경(心經)을 잘 헤아려 연구해 보라.

관자재보살(觀自在菩薩)이 저개(這個)에 있으니
전도몽상(顚倒夢想)을 멀리 떠나 길이 대라(大羅)를 증득(證得)하리라."

(27) 시간에 따라 구별되는 임종(臨終) 비결

노조(老祖)께서 수도(修道)의 현묘한 정황(情況)을 종횡(宗橫)에게 설명하였지만, 또한 임종(臨終)할 때에 성도(成道)의 응험(應驗)과 얼마(孽魔)가 나타나는 환상(幻想)을 분간하지 못할까 두려워, 탈사(奪舍)하는 상황을 하나 하나 분명하게 설명하여 종횡(宗橫)의 심신(心身)이 귀사(歸舍)하고, 진령(眞靈)이 침해(侵害)되어 추락하지 않고, 바야흐로 능히 정과(正果)를 이루어 보리(菩提)를 영원히 증득(證得) 할 수 있도록 개시(開示)하여 이르기를,

"제자는 한 쪽에 앉아서 자세히 해부해 주는 말을 잘 들으라.
현묘(玄妙)하게 깨치려면 불법(佛法)이 감추고 있는 정미(精

微)한 이치를 알아야 한다.

생각해보건대, 종전 그대의 수행(修行)은 한 바탕 마구잡이 몸놀림이었다.
어찌 미래 언젠가 기괴(奇怪)한 사정이 있으리라는 것을 알 수 있으랴?

비록, 그렇게 신선을 배운다고 하나 성(性)·명(命)이 무엇인지도 모르고
냄새나는 가죽 주머니를 벗어 던져버려야 비로소 능히 진(眞)을 이룰 것이다.

태어나오고 죽어 떠나고 하는 것을 어느 누가 고증(考證)하리요?
내가 이제 그대에게 밝게 고하여, 뒤에 증거를 삼게 하리라.

수도(修道)하여 공과(功果)가 원만(圓滿)해지면 병(病)이 나도 무방(無妨)하다.
사지(四肢)에 아픔이 오면 길을 멈추고 서서 저 세상으로 돌아갈 것을 미리 알라.

첫째, 천고(天鼓)가 때려도 울지 않으니 신(神)·기(氣)가 돌기 어렵고
둘째, 혀가 뻣뻣해서 말을 못하니 목숨이 다 되는 시간이다.

셋째, 눈위에 안개가 자욱하니 정신이 가물거리고

후뇌부(後腦部)에 깨진 징치는 소리가 들리니 죽을 날이 임박하고

넷째, 조계(漕溪)에 물이 마르니 죽을 장면이라.
손으로 이마를 만져보니 뼈만 덩그러니 남아 생명이 오래 붙어 있지 못하리라.

다섯째, 혀바닥 밑에 진액(津液)이 없으니 위급한 증세며
발바닥 족심(足心)을 바늘로 찌른 듯 하니 구원할 길이 없다.

여섯째, 배꼽 아래에서 가슴까지 이어져 아픔이 오면
천근(天根)이 무너지고 지근(地根)이 끊어져 숨이 그치고 정신이 도망친다.

일곱째, 코끝 준두(準頭)가 삐뚜러지니 목숨을 부지하기 어렵고
허리 아픈 것이 정문(頂門)에까지 뻗치면 곧 저승으로 가게된다.

단방(丹方)에 거울 비치 듯 아주 밝은 경면주사(鏡面朱砂)가 있는데
좋은 세다(細茶) 한 돈을 가미하면 담이 없어지고 가슴이 맑아진다.

숨구멍과 양쪽 발바닥 족심(足心)은 아픈 것이 서로가 반응하니
어느 시(時)에 아픈가 반응을 살피면 어느 시(時)에 죽는다는

것을 미리 알게된다.

　자시(子時)에 허리 한 가운데가 아프면, 명(命)이 바로 꺼지질 않고 헤아릴 수 있어
　십팔일 뒤 밝아올 때 인시(寅時)에 죽게 되고

　축시(丑時)에 숨구멍이 아프면 대수(大數)가 다하여
　칠일내 황혼이 닥쳐 일단 임종(臨終)하게 된다.

　인시(寅時)에 발바닥 족심(足心)이 아프면 죽는날이 확실하여
　십오일 후 사람들이 조용한 시간에 학을 타고 오르리라.

　묘시(卯時)에 발바닥 족심(足心)이 아프면 하늘이 명(命)을 남겨 두지않고
　삼십일 되는 날 정오에 괴로운 티끌세상 벗어나는 이별사를 하게된다.

　진시(辰時)에 발바닥 족심(足心)이 아프면 십일 가까워서
　깊은밤 쥐가 곡식 훔쳐먹는 시간에 명(命)이 끝나고

　사시(巳時)에 숨구멍이 아프면 단서(丹書)의 칙명(勅命)을 받고
　칠일째 되는 날 원숭이가 도장을 거는 시간에 법신(法身)이 구름을 타고 오른다.

　오시(午時)에 발바닥 족심(足心)이 아프면 록마(祿馬)가 재수

없는 일을 당하여,
 이십육일 되는날 돼지가 진흙을 파헤치는 시간에 서방으로 가고,

 미시(未時)에 발바닥 족심(足心)이 아프면, 대수(大數)가 오래지 않아 끝나게 되어
 십칠일 뒤 말(馬)이 산에 돌아 다니는 시간에 불존(佛尊)을 만나뵈러 가고

 신시(申時)에 발바닥 족심(足心)이 아프면 천궁(天宮)에서 편지가 와서 십이일 뒤 사람들이 잠들어 고요한 시간에 학타고 세상을 떠난다.

 유시(酉時)에 발바닥 족심(足心)이 아프면 약으로 병을 치료하기 어려워 십팔일 뒤 호랑이가 산에서 나오는 시간에 저승으로 돌아가고

 술시(戌時)에 발바닥 족심(足心)이 아프면 십일 안에 명(命)이 다하니
 용(龍)이 기둥을 끌어안는 시간에 수(數)가 다되니 누가 능히 이 사람을 붙잡겠는가?

 해시(亥時)에 숨구멍이 아프면, 티끌 세상 떠날 날이 가까워져 4일내 용(龍)이 바다를 나오는 시간에 어머니를 보러간다.

 죽을 날짜를 알았으니, 사람들이 모든 시간을 조종하여 헤아려

대응하고

  범진세계(凡塵世界)를 생각지 말고 염불이나 하면서 다른 마음에 동요치 말라.

  임종에 닥친 그가 현관규(玄關竅)를 지키고 정신을 모아 안정케하여
  삼혼(三魂)이 칠백(七魄)과 합하고 맺히도록 하여 근본으로 돌아가게 하라.

(28) 임종시(臨終時)에 나타나는 환상과 사생육도(四生六道)

  제일 두려운 것은 누겁(累劫)에 걸쳐 맺어진 원채(寃債)가 그대가 정도(正道)를 성취하도록 그냥 놔주지 않으리니
  일체의 여러 가지 환상(幻像)이 나타나면 내외공(內外功)의 공력(功力)과 부처님 원력을 굳게 믿고 의지하라.

  깃발이나 보개(寶盖)를 보아도 함께 따라가지 말고
  혹은 누대(樓臺)나 전각(殿閣)을 보아도 그 곳으로 가지 말고

  집이 있어도 들어가지 말고 마음이 혼돈(混沌)스럽게 말라.
  기갈(飢渴)이 심한 중에 마실 것을 보아도 입에 대지말고

  흰 연꽃·황차련(黃車輦)·말·나귀들이 환상으로 나타나는 것을 보거나

아름다운 여인이 노래하며 나타나는 환상이 보이면 정신을 뺏으려는 요정(妖精)들인 줄 알라.

채색(彩色)을 한 아름다운 미부인(美婦人)이 보이는 것은 돼지·개·새와 짐승들의 환상이니
절대로 따라가서는 안되는데 따라가면 그 태(胎)에 들어가 얼굴이 변화한다.

거리를 지나가는 홍차련(紅車輦)은 홍복(紅福)으로 유인(誘引)하려는 것이니
만일 착 따라붙어 동행하여 가면 법신(法身)이 그곳에 떨어진다.

수행인은 관세음(觀世音)에 의지하여 성명(性命)을 수련하고
마왕진(魔王陳)과 싸워 물리치면 몸도 공(空)해지고 마음도 공(空)해진다.

죽음에 직면하여서 절대로 아름다운 풍경에 매달리거나 그리워하지말라.
다만 잘못 태(胎)에 투입되어 자신을 그르칠까 두렵도다.

노조(老祖) 말하기를, "무릇 수행하는 세상 사람들이, 임종의 한 방법을 판단할 수 있도록 해주겠다. 임종시에 여러 가지 잡다(雜多)한 현상이 앞에 나타나서, 혼미(混迷)하게 인도하면, 마땅히 알아차려 할 바를 그대에게 지시하노라.
석가(釋迦)의 환상이 접인(接引)하면 여우의 태(胎)

관음(觀音)의 환상이 접인(接引)하면 용(龍)의 태(胎)

세지(勢至)의 환상이 접인(接引)하면 범(虎)의 태(胎)요

문수(文殊)의 환상이 접인(接引)하면 이것도 용(龍)의 태(胎)

숙백(叔伯)의 환상이 접인(接引)하면 고양이의 태(胎)

일체 깃발의 환상이 접인(接引)하면 날아 다니는 새의 태(胎)

보개(寶蓋)의 환상이 접인(接引)하면 봉황(鳳凰)의 태(胎)

사인교(四人轎)의 환상이 접인(接引)하면 게의 태(胎)

궁녀(宮女)가 절하며 접인(接引)하는 환상은 원숭이의 태(胎)

연대(蓮台)와 차련(車輦)으로 접인(接引)하면 당나귀나 말의 태(胎)

궁인(宮人)이 예배하며 접인(接引)하면 대충(大虫·호랑이의 다른 이름)의 태(胎)

영롱(玲瓏)한 목걸이 패물로 접인(接引)하면 노비의 태(胎)

부교(浮橋)로 강을 건너면 습생(濕生)의 태(胎)

금빛 자무(紫霧)는 대충(大虫)의 태(胎)

천층 보탑(千層寶塔)으로 들어가면 사마귀의 태(胎)

경화루대(瓊花樓台)로 들어가면 벌과 나비의 태(胎)

금은교자(金銀轎子)를 타면 난생의 태(胎)

피리·북·풍악으로 접인(接引)하면 돼지나 염소의 태(胎)

홍의동자(紅衣童子)가 접견(接見)하면 대관(大官)홍복(洪福)의 태(胎)에 투생(投生)하게 되는데

만약 서산(西山)에 걸린 한 밝은 달을 보게되면 백의(白衣)를 입은 스님이 영접하여 여래(如來)를 보게 될 것이다."

게송(偈頌)에 말하기를

"도(道)를 배우는 사람은 마음을 높이지 말라.

두려운 것은 임종시(臨終時)에 좋지않은 곳에 끌려가지 않을 사람 하나도 없다는 것이다.
　숨이 한번 끊어지면 헤메던 미로(迷路)길 마치고
헛되이 사바세계 한바퀴 돌았을 뿐이다.
임종시에 급히 혼란(昏亂)을 예방하라.
윤회로(輪廻路)는 만만가닥이니
생각을 굳게하고 의마(意馬)를 붙들어 매면
육문(六門)이 청정(淸靜)해져서 소요자재(逍遙自在)하게 되고
임종(臨終)에 9규(九竅)가 오묘(奧妙)하리라.”
게송(偈頌)에 말하기를,
“높은 누대에서 울리는 하늘북 소리에 만인(萬人)이 놀라고
한 소리 진동(震動)하니 천하가 태평하다.
무슨 일인지 오늘 아침 북소리 울리지 않으면
의관을 갖추고 급히 길 떠날 준비를 하라.
안문관(鴈門關)의 금등(金燈)이 환히 밝아서
양천척(量天尺) 안에 까지 분명하게 보이리라.
내가 이제 밑바닥 끝까지 모조리 알려 주겠노라.
영광(靈光)이 비치지 않는데 문득 길을 가니
사자관(獅子關)이 어지럽고 어수선하구나.
천문정(天門頂) 속에 금등(金燈)이 환히 밝은데
돈으로 장생불사(長生不死)는 사기 어렵지만
무상(無常)의 정남침(定南針)은 피하리라.
토교관(土橋關)이 어지럽고 어수선한데
기둥이 부러지고 다리가 내려 앉아 가기가 어렵고
온 집안 식구가 모두 눈물을 흘리니

한 덩어리 차디찬 비석에서 안신(安身)을 찾는구나.
금쇄관(金鎖關)에 꽃이 피는 것을 보니
목인(木人)이 신(靴)을 신고 태(胎)를 벗고 나온다.
다니는 길위에 우발화(優鉢花)가 피어있고
조계(漕溪)에 물이 마르니 귀거래사(歸去來辭)를 하게 되었네.
반야관(般若關)이 바빠서 어쩔줄을 모르니
태자(太子)가 칼과 창을 들지 않도록 긴밀히 방비하라.
끓는 남비에 게가 허둥대고
오기(五氣)는 모두 뒤섞여 중앙으로 조회하네.
수화관(水火關)에 음양(陰陽)이 정해져 있는데
좌삼(左三)과 우사(右四)를 헤아릴 수 없다.
두 용(龍)이 여의주를 희롱하며 앞길을 수습하여
깊은 못을 떠나 천당으로 올라간다.
파라관(波羅關)에 냉기(冷氣)가 쳐 들어와
갈대싹이 머리를 뚫는 것이 너무나 분명하다.
육적(六賊)이 황금지(黃金地)에 떨어지고
기름이 말라 등불이 꺼지는데 문득 길을 가니
십전염군을 모두 피하여 지나쳐
몸을 날려 열반문(涅槃門)으로 뛰어 나간다.
9관(九關)을 뚫고 통과하는 것을 아는 사람이 적으니
9관(九關)을 열어 천기(天機)를 밝힌다.
청풍노상(淸風路上)을 화살같이 뚫고 올라가
곤륜(崑崙) 정상(頂上)에서 보리(菩提)를 증득(證得)하도다.
　수행인이 이런 이치를 알기 어려우나, 깨쳐 알면 문득 원각(圓覺)을 이루리라. 다만 일체의 접인(接引) 환상은 모두 포태(胞胎)인 사생육도(四生六道)에 느닷없이 뛰어 들어가는 것으로, 생(生)

하였다가는 죽고, 죽었다가는 또 태어나고 하는 윤회로 이어지게 만든다.

금강경(金剛經)에 이르기를, 형상이 있는 모든 것은 다 허망하다 하였고, 또 이르기를 일체의 모든 유위법(有爲法)은 꿈이며, 환상이며, 물거품이며, 그림자와 같아서, 능히 생사(生死)를 벗어나 마칠 수 없다 하였다.

오직 선천대도(先天大道)의 한일자(一字)는 장경(藏經)의 골수(骨髓)라, 이를 얻는다면 생(生)을 마쳐 료(了)하고, 죽음도 벗어나게 되리라. 오직 서쪽에서 오신 큰 뜻을 가진 주인공이 와서 접인(接引)하면, 가히 가야할 길을 가게 되리라.

또한, 소리도 없고 색도 없어서 비유컨대, 사방으로 가이 없는 큰 바다 가운데 한척 도선(渡船)이 동서남북을 알지 못하여, 언덕에 배를 대지 못하고 있는데, 홀연히 하늘에서 음양을 밝힌 사람이 내려와서 정남침(定南針)을 주어 비로소 갈 길을 알아 피안에 이르게 되노라.

다만 서남산(西南山) 위에 둥글고 밝은 달이 한줄기 하얀 빛으로 변하면서 백의(白衣)를 입은 스님이 보이면, 이는 아미타불(阿彌陀佛)이 오셔서 접인(接引)하는 것이다. 발 뒤꿈치를 쫓아 그를 따라가면, 마침내 극락상품(極樂上品) 무생상과(無生上果)에 이르러, 미타(彌陀)의 권속이 되어 불도(佛道)를 이루고 불생불멸(不生不滅)할 진대, 돌이 물렁물렁해지고 바다물이 다 말라도 영원히 무너짐이 없으리니, 이것이 바로 천궁성경(天宮聖境)이다.   게송(偈頌)에 이르기를, 쌍림(雙林)에서 열반(涅槃)하는 것을 아는 사람이 적으니, 복음(福音)을 알면 그 누가 귀의(歸依)를 원하지 않으랴? 만일 귀공기(歸空記)를 만나면 윤회(輪廻)를 면하고 상천에 오르리라. 길머리를 한 걸음 한 걸음 앞으로 나가니, 서쪽

변에 송죽(松竹)이 마(麻) 숲과 같구나. 도로(道路)가 울퉁불퉁하여 험난하니 정신차려 아미타불(阿彌陀佛)만을 맹세코 증거를 삼으라.

현재 수도하는 사람들에게 말하건데, 영광(靈光)이 땅에 떨어지고 사지가 풀어지는 그 순간에, 앞으로 나아갈 문도 없고 뒤로 물러갈 길도 없으니, 허망한 몸 한번 떠나는 길을 정신차려 살펴보라.

길이 세 갈래가 있는데, 한 가닥은 광명대로(光明大路)요, 한 가닥은 캄캄한 길이요, 한 가닥은 푸른 이끼가 낀 어둠침침한 길이다. 천궁(天宮)으로 가는 정로(正路)는 중앙에 있고, 깜깜한 길은 왼편에 있으며, 푸른 이끼낀 유로(幽路)는 오른쪽에 있다. 주장자를 들고서 힐끗 보면, 한편엔 수미산(須彌山)이 있고, 한편엔 반야대(般若台)가 있고, 서로 멀지 않은 거리에 금강(金剛)이 길을 가로 막고 있다. 의마(意馬)를 단단히 잡아 붙들어 매고, 생각을 굳게 하여 머리를 들고 훑어 보니, 수양버들 늘어진 한 가지 아래 반타석(盤陀石)이 한 봉우리 있어서 잠깐 앉았다가 앞으로 나아가 멀리 바라보니, 돌다리(石橋)가 한편으로 보이는데, 이름은 나한교(羅漢橋)다. 이 다리는 오천리인데 수십리를 가도 사람이 없다. 또 금다리(金橋)가 보이는데 길이가 일만 삼천리이다. 인연이 있는 군자(君子)는 두려워하지 말라. 이 다리 이름은 조주교(趙州橋)라 하는데, 삼푼(三分) 넓이 밖에 안되지만 이곳에서부터 길이 끊어지니, 촌보(寸步)도 행가기가 어려우나, 번뇌와 망상을 모두 떼어버리고, 뒤도 돌아 보지 말라. 옛날의 지나간 일도 생각하지 않고, 견고하게 단정히 앉아 다리가 끊어지고 길이 다하였으나, 소요자재(逍遙自在)할 길이 있으리라 하며 맹렬히 생각을 이르키면, 문득 금계(金鷄)가 날라와서 앉아있는 자리를 빙빙 돌다가 저쪽 언덕 어디론가 사라지리라. 다시 사방을 돌아봐도 길이 없으나, 번뇌를 일으키지 말라. 좌정한지 삼일이 되어서도 생각을 더욱 더 굳게 가지면 비로소 청의동자(靑衣童子)가 손에 기를 들고 앞에 와서 접인(接引)하리라. 은(銀)계단을 밟고 한 걸음 한 걸음 올라가면 천태(天台)에 이르는데, 그곳 제일영관사(第一靈官寺)에 고불세존(古佛世尊)께서 계시니 참배하고 친히 수기(授記) 분부를 받으라. 또 앞으로 이십리를 향하여 나가면 아래 위로 운성(雲城)이 있는 무번천궁(無煩天宮)에 이르는데, 좌우 여닫이 문은 쇳물을 붓고 강철을 끊어 만들었기 때문에, 바람 한점 통하지 않는다. 이 곳 탑(塔)에서 조사를 받을 때에 그대의 내력을 묻고 명백히 살펴 조사한 뒤에 비로소 안으로 들어가게 할 것이다.

묻기를, '이곳은 다른 곳 하고는 틀리는 비범한 장소인데, 어찌 함부로 들어 왔느냐? 할 일 없이 왕래한 것이라면 윤회(輪廻)에 때려 쳐넣으리라.' 하면, '나는 다른 사람이 아니라 영아(嬰兒)로서 집으로 돌아와, 무생노모(無生老卬)께 참배하려 합니다.' 답하라.

그곳에서 묻기를, '그대의 성(姓)은 무엇이며 이름은 무엇이냐? 어느 해에 부모를 떠났는가? 그대가 가는 곳이 어디며, 볼 일이 무엇인가, 오늘 어찌 집으로 돌아갈 마음이 생겼는지 일일이 처음부터 말하면 그대를 들어가라 할 것이나, 만일 한마디라도 착오가 있으면 용서하지 않으리라.' 하면, 영아(嬰兒)는 다음과 같이 답하라. '제 말씀을 들어 주소서.'

(29) 무극(無極)에서 행하여지는 문답(問答)들

'무생(無生) 노황모(老皇母)께 아뢰오니 청원하는 저의 말씀 잘 들어 주소서.
　소황태(小皇胎)가 동토(東土)에서 서천(西天)으로 돌아오니

　그 예전 고향집에 있었을 때 선천(先天)의 광경
　금은 계단 유리로 된 땅을 마음대로 소요하던 생각이 납니다.

　시작을 알 수 없는 오랜 옛날 동토(東土)에 내려와 진성(眞性)이 제멋대로 미혹되고
　홍진세계(紅塵世界)에 떨어진지 육만여년이 지나도록

　주색(酒色)에 애착하고 재보(財寶)에 매달려 생사(生死)가 무엇인지도 모르고
　낳아서는 죽고, 죽었다가는 다시 태어나도 돌아올 길을 알지 못했나이다.

　홀연히 말겁(末刼)이 당도했다는 말을 듣고 스승의 지시를 받아
　구결(口訣)을 구(求)해 단전(單傳)을 받고 바야흐로 초승(超昇)하였습니다.

　초승하여 생각해보니 무극(無極)의 두분 부모는
　세속의 범정(凡情)을 버려야만 바야흐로 뵙는 것이 었습니다.'

무생모(無生母)께서 친히 이 말을 들으시며 애달픈 두줄기 눈물을 흘리시고
영아(嬰兒)를 또한 바라 보시다가는 눈물을 그칠 사이가 없다.

노진공(老眞空)이 보련대(寶蓮台)에 단정히 앉아 있다가
영아(嬰兒)가 외치는 소리를 듣고 노모(老母)와 함께 목 놓아 운다.

노진공(老眞空)이 영아(嬰兒)가 외치는 소리를 홀연히 듣고
금동(金童)을 불러 영락(瓔珞) 패물을 가지고 나가 금문(金門)으로 들어오게 하라 한다.

소진공(小眞空)이 사바세계에 있다가 고향 옛집에 돌아와서
오늘에야 노모(老母)를 뵙고 통곡하며 가슴을 저민다.

홍진(紅塵)의 온갖 경계를 모두 버리니 바로 그 앞이 곧 유리세계(琉璃世界)라.
운성(雲城)에 나아가 금사지(金沙地)로 돌아드니 나 홀로 높은 것 같다.

철문이 열두겹으로 되어 있어 바람 한점 통하지 못하고
팔금강(八金剛)이 길을 막고 중생들을 고문(拷問)하는데

'어느 해엔가 황모(皇母)를 이별하고 고해에 오래 빠져서
범진(凡塵)으로 굴러 떨어져 사바(娑婆)에 머문지가 몇 만년 되었느냐?

어느 해에 냄새나는 풀과 술·고기를 금하고 마음을 도리켜 선(善)을 행하였으며

어느 해에 구도(求道)하여 정법(正法)에 귀의하였으며, 어떠한 방법으로 수행했는가?

명사(明師)를 배알했을 때, 그가 그대에게 무슨 보호(寶號)를 가르쳐 주었으며

어떠한 도리(道理)와 경문(經文)을 그대에게 말해 주던가?

그대는 어떤 부처를 염(念)하였기에 피안(彼岸)에 오르게 되었는가?

내가 그대에게 묻노니, 노황모(老皇母)를 사람들은 어떻게 부르더냐?

그대가 내게 자세히 말하면 들어가도록 하겠지만
한마디라도 착오가 있다면, 용서하지 않으리라.'

소진공(小眞空)이 아뢰려하니 금강(金剛)이 듣고 있다가
'그대가 하는 말을 처음부터 끝까지 듣겠으니 자세히 자초지종(自初至終)을 말하라' 함에,

'시작을 알수 없는 오랜 옛날 고향집을 떠나 진(眞)을 잃고 망령된 것을 쫓다보니,
동토(東土)에 있으면서 홍진(紅塵)에 탐착하여 몇 봄을 지냈는지 기억할 수 없습니다.

눈물은 바다 같고 뼈는 산처럼 쌓여도 전화(轉化)할 줄을 모르고

온종일 쾌락만을 도모하고 사생(死生)을 벗어날 생각은 하지않고,

장(張)씨 집 또는 이(李)씨 집에 남자로 태어나고 여자로 태어나고

생활하느라 집안 일에 심기(心機)를 모두 허비하고,

낳았다가는 죽고 죽었다가는 다시 태어나고 가난했다가는 또 부자되고

한번 왔다가는 다시 가고 한번 갔다가는 다시 돌아오고 반복하니 어찌 염군(閻君)을 벗어날 수 있었겠습니까?

지나가 버리고 또 갔다가는 다시 돌아오는 새로운 고통을 쉴새없이 받으니

주색(酒色)에 탐련(貪戀)하고 은애(恩愛)를 못 잊어 죽어도 회심(回心)치 못했나이다.

갑자기 부지중에 마음에 깨달은 바 있어

비로소 고향에 돌아가기 위해 오도수행(悟道修行)할 생각이 났습니다.'

'다시 묻노라, 그대는 어느 해 어느 달에 냄새나는 풀과 술·고기를 금하고 마음을 도리켜 선(善)을 행했으며

어느 해 어느 달에 구도(求道)하여 정법(正法)에 귀의했으며

어떤 사람을 가르쳤는가?

　그대의 사부(師父)가 몇 사람이며, 이름과 호(號)는 무엇이며
　사부(師父)가 그대에게 준 법명(法名)은 무엇이며

　사부(師父)가 그대에게 가르쳐준 미타(彌陀)염불(念佛)은 몇 자로 된 보호(寶號)인가?
　무생모(無生母)의 대도근원(大道根源)을 그대에게 어떻게 설명하여 주던가?'

　영아(嬰兒)의 대답은 이러해야 하리라. '아무 해에 냄새나는 풀과 술·고기를 금하는 청구재계(請口齋戒)하였고,
　나의 세 스승 삼사(三師)께서 일찌기 이름을 고쳐주었습니다.

　나에게 십자불(十字佛)과 일자보호(一字寶號)를 전하여 주셨으며
　삼귀(三歸)를 꼭 쥐고 오계(五戒)를 지키면서 오도수행(悟道修行)하라 하였고

　나에게 고향가는 길 쌍림수(雙林樹) 아래를 가르쳐 이끌어 주시며
　스물네시간 무봉탑(無縫塔)에서 영원히 안신(安身)하라 하였습니다.

　세속 정감(情感)과 이목구비(耳目口鼻)등의 욕망 일체를 쓸어 없애고

주야로 부지런히 약(藥)을 채취하면서 주천행공(周天行功)을 하라 하였습니다.

천화대(千花台)의 노관음(老觀音)이 곧 노모(老母)이시며
노진공(老眞空) 대법왕(大法王)이 곧 나의 아버지이십니다.' 말을 마치면,

이에, 삼관구규(三關九竅)를 통과하는 무극(無極)의 자물쇠를
자금지(紫金池)의 열쇠로 열어 사문(四門)을 모두 개통시켜 주리라.

눈으로 보아도 보지 않고 귀로 들어도 듣지 않고 외외부동(巍巍不動)하기만 하고
마음이 움직이지 않고 뜻이 어지럽지 않으니 비로소 금강신(金剛身)이 나타나도다.

바삐 서둘러 법왕부(法王簿)를 펼쳐보니 일자보호(一字寶號)가
구름이 흩어지 듯 찬란한 광명을 띠고 나타나 천지건곤을 가르며 비취는구나.

노진공(老眞空)이 한번 보고 두 눈에 눈물을 흘리면서
금강(金剛)을 불러 금 자물쇠를 열게 하시니 금문(金門)이 활짝 열리는도다.

집에 돌아온 영아(嬰兒)를 보니 진짜 내 자식이요
신통(神通)이 나타나 성도(聖道)와 합하니 친 골육(骨肉)이 틀

림없다.

　금동옥녀(金童玉女)를 불러서 풍악(風樂)울릴 준비를 갖추라 하고
　깃발이 펄럭이고 보개(寶盖)가 늘어선 가운데 금문(金門)에 맞아들인다.

　가릉(迦陵) 빈가(頻伽)의 두 새(鳥)에 명하고
　백학(白鶴)·공작(孔雀)·앵무(鸚鵡)를 부르니 일제히 노래하는구나.

　길 양옆에 모든 보살들이 향안(香案)을 벌려 놓고
　연화대로 일제히 영접하니 나의 아손(兒孫)이로다.

　소진공(小眞空)이 노모(老母)를 배알(拜謁)하고 주위를 세 번 돌고나서
　노모(老母)께 광명을 비춰주신 은혜와 황친(皇親)을 보게된 것을 사례(謝禮)드리고,

　천향(天香)을 흩뿌리며 삼회구전(三回九轉)의 세례(細禮)를 행하면서
　'노모(老母)시여 불쌍히 여기시며 받아주소서. 원(願)하옵건데 금신(金身)을 증득(證得)할 수 있도록 하여주소서.'

　이에 노진공(老眞空)이 감로(甘露)를 뿌려서 마정수기(摩頂授記)하시며

'이후로는 이곳에서 영원히 영속 장생(永續長生)할 것이며

　무생(無生)의 금련대(金蓮台)를 증득(證得)하고 불생불멸(不生不滅)하여서
　천지가 무너져도 나와 함께 편안하리라.

　그대 소진공(小眞空)에게 분부하노니 각기 위패(位牌)를 대조하여
　자호(字號)를 증명하고 종파(宗派)를 분별하여 즐겁게 그 몸을 안신케하고

　행공(行功)을 논(論)하여 구품(九品)으로 나누어 지극한 자리를 정해주고
　금신(金身)을 증득(證得)하고 정과(正果)를 이루어 무생모(無生母)와 영원히 함께 하게하리라.

　천인(天人)과 보살(菩薩)이 언제나 도와주고
　선화(仙花)를 뿌리며 한시도 떼지않고 은근(殷勤)하게 받들어 공양하게 하리라.

　또다시 가지도 않고, 또다시 오지도 아니하여 소요자재(逍遙自在)하고
　또다시 태어나지도 않고, 또다시 죽지도 아니하여 만겁을 항상 존재하게 하리라.' 할 것이다."

(30) 12시(十二時)의 지남게(指南偈)

　노조(老祖), 고향 옛집으로 돌아 가는 보배로운 게(偈)를 종횡(宗橫)에게 이야기해 주어 최후에 귀가하는 뜻을 미리 알려 주었으나, 종횡(宗橫)이 주천(週天)의 묘용(妙用)을 알지 못할까 두려워하여 다시 지남게(指南偈)를 설(說)하기를,

"부처님이 영산(靈山)에서 묘경(妙經)을 이야기하셨는데
　오천여경권(五千餘經卷)으로 중생을 제도하시고
　천기(天機)를 모두 누설하였지만 말후일착(末後一着)만 보류하시고
　정남침(定南針)은 설파(說破)하지 않으셨다.

자시(子時)에 정남침(定南針)을 살펴보니
　일양(一陽)이 처음으로 돌아오고 맑은 바람이 일어난다.
　본성(本性) 단련은 고양이가 쥐를 잡듯이 하고
　외외불동(巍巍不動)하면 육신(六神)이 모여든다.

축시(丑時)에 정남침(定南針)을 살펴보니
　이양(二陽)이 도래하여 탁한 기운이 나눠진다.
　금선(金蟬)이 금전(金錢)장난을 좋아하니
　진흙소를 충동시켜 몸을 뒤치락 거리게 한다.

인시(寅時)에 정남침(定南針)을 살펴보니
　삼양(三陽)이 개태(開泰)하여 마침 봄을 만났다.

백호(白虎)가 흥에 겨워 옛 굴에서 나오니
　청의동자(靑衣童子)가 빙그레 웃고 있다.

　묘시(卯時)에 정남침(定南針)을 살펴보니
　동방(東方)에서 옥토끼가 솟아오르는 것이 보인다.
　만리 창공에 구름과 연기가 흩어지니
　한 줄기 금빛이 정문(頂門)을 비쳐준다.

　진시(辰時)에 정남침(定南針)을 살펴보니
　괴성(魁星)과 천강(天罡)이 정위치에서 신묘하게 진기(眞氣)를 모으도다.
　청룡이 흥에 겨워 대해(大海)를 나와
　구름과 안개를 타고 천정(天庭)으로 오른다.

　사시(巳時)에 정남침(定南針)을 살펴보니
　육양(六陽)이 넉넉해져 뜨거운 열이 생긴다.
　두견새는 쉬지않고 소리 소리 지르고
　거북이와 뱀이 서로 희롱하며 친한다.

　오시(午時)에 정남침(定南針)을 살펴보니
　양(陽)이 극(極)하여 음(陰)이 생하고 불(火)의 세기와 시간이 알맞게 된다.
　마음 원숭이와 뜻(意) 말(馬)을 쌍림수(雙林樹)에 굳게 매어두고
　육적(六賊)을 범왕성(梵王城)에 가두었다.

미시(未時)에 정남침(定南針)을 살펴보니
양광(陽光)이 점점 물러가 불기운이 약해진다.
육신(六神)이 반도연(蟠桃宴)에 나아가 유쾌하게 선주(仙酒)를 마시니
양(羊)이 무릎을 꿇고 젖을 빨아먹는 정경(情景)과 같다.

신시(申時)에 정남침(定南針)을 살펴보니
요지(瑤池)에서 알현(謁見)하고 수(壽)가 장춘(長春)을 누린다.
여섯 원숭이가 다과를 헌공하니
상천의 모든 부처님이 빙그레 웃는다.

유시(酉時)에 정남침(定南針)을 살펴보니
목욕지(沐浴池)에 난기(煖氣)가 훈훈하다.
황홀하던 정신이 상쾌해지고
금닭은 꿈꾸는 사람을 불러 깨운다.

술시(戌時)에 정남침(定南針)을 살펴보니
더할 나위 없는 적정(寂靜)으로 황혼(黃昏)을 지킨다.
홀로 찬 방에 앉아서 육적(六賊)을 방비할 때
누렁개야 사방의 이웃에게 함부로 짖지말라.

해시(亥時)에 정남침(定南針)을 살펴보니
비유컨데 돼지가 강 가운데를 건너가는 것 같다.
오고 가는 물결따라 몸이 따라가니
황하수가 역전(逆轉)하여 곤륜산(崑崙山)으로 올라간다.

십이시(十二時)의 침(針)이 남쪽을 가리키는 것은 변함없어
천지 건곤 만물이 이 가운데 전부있다.
사람들이 선천(先天)의 뜻을 터득한다면
여래(如來)를 보기가 어렵지 않으리라."

노조(老祖)께서 깨닫게 하려고 십이시(十二時)의 저 한 구멍 일규(一竅) 지남(指南) 정침(正針)을 이미 말로 밝혔으나, 아직 종횡(宗橫)이 세심한 연구를 못할까 걱정하여, 반복하여 신신당부 하면서 이르기를, "조화의 근원은 입을 열어서 다 들어내기가 어렵고, 무위(無爲)의 묘도(妙道)를 어떤 사람인들 상세히 알겠는가? 명사(明師)를 만나지 못하면, 어찌 부처의 진게(眞偈)를 듣겠는가? 뜻은 크고 마음이 거칠면 스스로 허령(虛靈)을 손상(損傷)하리라. 비록 그대가 지금 정법(正法)을 들었다 하더라도 무위(無爲)의 기미(機微)를 깨치려고 매달려야 윤회를 면하리라. 이 진성(眞性)을 붙들고 나가면, 불야천(不夜天)에 오르게되고 상주불멸(常住不滅)의 땅에서 생(生)도 없고 사(死)도 없는 더할나위 없는 진기(眞機)를 이루게 되는 것이다. 제자여, 그대는 무생(無生)의 진성(眞性)을 가히 알겠는가?"

종횡(宗橫)이 말하기를, "모르겠나이다."

노조(老祖) 말하기를 "그대가 알지 못하겠거든 다시 생각하여 화두(話頭)를 명백히 떠올리라. 알게 될 것이다."

종횡(宗橫)이 잠깐동안 말이 없었다. 노조(老祖) 또 묻기를, "그대는 본래면목(本來面目)을 찾을 수 있겠는가?"

종횡(宗橫)이 오체(五體)를 땅에 던지며, 간청하여 말하기를 "조사(祖師)께서 가르쳐 주신 법혜(法慧)를 흠뻑 받았으나 제가 우매(愚昧)하여 미쳐 깨닫지 못하였으니, 다시 가르쳐 보여주시기

를 바랍니다."

　노조(老祖) 말하기를, "그대가 일신(一身)의 법(法)을 닦겠다 말하여, 물으니 모른다 하여서, 내가 산에 비유하고 물에 비유하여 여러 가지 형태로 파헤쳐 주었는데, 여전히 깨닫지 못하는도다. 보통 사람들의 색신(色身)은 이룩됨이 있고 무너짐이 있는 것인데, 그대는 어찌하여 가짜를 인정하고 진짜를 어그러트리고, 자진하여 하승법(下乘法)에 떨어지는가. 몇마디 구두선(口頭禪)만 익힌다면, 끝끝내 육안범부(肉眼凡夫)가 되어, 서래불성(西來佛性)을 밝히지 못하고, 여전히 사마(邪魔) 외도(外道)라 하리라. 그대가 이제 비록 대승정법(大乘正法)을 받았으나, 닦아 증득(證得)이 없다면, 생사(生死) 경계밖으로 뛰어 나기 어렵고, 영원히 타락의 함정에 빠져 헤어나오지 못할것이다.

　옛 성인이 말하기를 세간(世間)에 부처가 없다면 제도할 중생도 없고 증득(證得)할 열반도 없다. 부처를 배우고자 하거든, 과거심(過去心)을 생각지 말고 현재심(現在心)도 갖지 말고 미래심(未來心)에도 매달리지 않아서, 나도 없고 다른 사람도 없고 중생(衆生)과 수자(壽者)도 없어서 일체가 텅빈 가운데 더욱 공(空)되면, 스스로 정각(正覺)을 이루리라. 그대가 반 평생을 수도(修道)했으나 완공(頑空)에 떨어져서 정신 쓰기를 쓸데없는 곳에다 낭비하였다. 거듭 말하건데, 우매하면 천리(千里)나 떨어져 찾기 어렵고, 깨치면 뿌리가 되는 구멍 일규(一竅)로 돌아간다. 그대가 도(道)에서 불문(佛門)으로 전향(轉向)하여 나를 스승으로 삼았는데 크게 취할 바가 있으리라.

　그대가 무릎을 꿇고 현묘(玄妙)를 물은 것은, 그대의 진심(眞心)이 발현(發現)된 것이고, 그대가 입을 열어서 도덕(道德)을 물은 것은 그대의 지혜가 열린 것이다. 진여(眞如)인 성명(性命)을 수련하여 터득하면 천지(天地)가 막힌 것 없이 뚫리게 되는데, 일체 만물이 모두 이 자성(自性)의 원명(圓明)한 가운데로 부터 나오는 것이다. 풀어 놓으면 육합(六合)에 가득차고, 거두어 들이면 더 이상 쪼갤 수 없는 것에도 감출 수 있어서, 그 맛이 무궁무진하니 이 모두가 실학(實學)인 것이다."

종횡(宗橫)이 고두사은(叩頭謝恩) 하면서 말하기를, "사부(師傅)께서 명백하게 들추어내서 깨우쳐주지 않으셨으면, 어찌 능히 탁(濁)한 것을 맑은 것으로 바꿀 수 있었겠습니까? 이제 생각해 보니 전에 수행했던 것은 잘못 되었습니다. 조칙(祖勅)을 거슬러서 자성법칙(自性法則)을 밝히지 못했는데, 어찌 하차(河車)를 굴릴 수 있었겠습니까? 제가 이제 생각해보니 참으로 부끄럽습니다. 제자 이제서야 마음을 얻고 본성(本性)을 보았나이다."

(31) 종횡(宗橫)의 개명(改名)과 삼교원리(三敎原理), 삼불(三佛), 삼겁(三劫)

노조(老祖) 말하기를, "훌륭하도다! 훌륭하도다! 그대가 오늘날 크게 깨치니 종정(宗正)이라 하라. 이 종(宗)자는 가벼이 볼 것이 아니다. 이것이 조가(祖家)의 근원인 종주(宗主)를 일컫는 것이다. 그대가 『횡(橫)』자라는 이름 때문에 미혹되고 깨치지 못할 것을 누가 알았으리요! 도리어 조가(祖家)의 불이법문(不二法門)을 비방하여 어지럽히고, 가로막아 진정한 구전묘결(口傳妙訣)을 만날 수 없었는데, 어찌 능히 성인의 발자취를 밟아 성인의 방에 들어올 수 있었겠는가? 이제 바를 정(正)자로 이름을 고쳤으니, 선천정리(先天正理)를 밝히고 단전정법(單傳正法)을 받아, 자기자신을 바로잡고 다른 사람들을 교화시키기에 힘쓰고, 후세 사람들이 종원(宗源)과 조맥(祖脈)을 인정하고, 반본환원(返本環原)을 잘하도록 하여 그 『바를 정(正)』자를 종앙(宗仰·우러러 존경함)케 하라.

종횡(宗橫)을 종정(宗正)으로 개명(改名)하였으니, 정법(正法)에 오묘하게 감춰져있는 이치를 밝게 터득하라. 그대가 이제 진여자성(眞如自性)을 깨달았으니, 바야흐로 종전에 했던 공부는 잘못된 것인줄 알 것이다. 조사(祖師)와 조사(祖師)가 서로 부처님의 심인법(心印法)을 전했는데, 스승과 스승이 이어 받으니 대도(大道)가 일어나리라.

단전(單傳)하던 구결(口訣)인 무자진경(無字眞經) 최상승법(最上乘法)을 그대가 이제 받았는데, 현기(玄機)한 틀의 도리(道理)는 너무나 요긴(要緊)한 것이다. 말후일착(末後一着)을 가볍게 보지말라. 다행히 기연(奇緣)이 있어 구경(究竟)을 얻고, 도(道)에서 불교(佛敎)로 전향(轉向)한 것을 공경치 않을 수 없노라. 스승이 연민(憐憫)을 베풀지 않았다면, 그대 몸이 어찌 고해침륜(苦海沈淪)을 벗어날 수 있었겠는가?

원래 삼교(三敎)는 도(道)가 근본인데, 성(性)과 천도(天道)는 듣지 못했으리라. 존심양성(存心養性)은 공자 성인께서 말씀하셨는데, 집중관일(執中貫一)을 몇 사람이나 밝혔을까? 육경(六經)과 제사(諸史)는 세상을 다스린 치세론(治世論)이요, 대학(大學)과 중용(中庸)은 본성(本性)을 통솔해가는 증빙서(證憑書)이다.

수심련성(修心煉性)은 도조(道祖)이신 노자(老子)께서 말씀하셨는데, 포원수일(抱元守一) 큰 뿌리를 드러내고 오천 현묘(五千玄妙)를 담아 세상을 다스리셨으나, 진짜 구결(口訣)은 청정경(淸靜經)에 모두 담겨있다.

명심견성(明心見性)은 불교(佛敎)의 근본 요지로서, 만법귀일(萬法歸一)의 이치는 너무나 심오하다. 천경만전(千經萬典)이 이를 증빙하나, 최상(最上)의 일승(一乘)은 심경(心經)에 실려있도다. 용한초겁(龍漢初劫)에 <사자(四字)>의 천명(天命)이 내렸는데, 이는 선천룡화(先天龍華)로서 연등불(燃燈佛) 시기이다.

　중천(中天) 적명화겁(赤明火劫)에는 <육자(六字)>의 천명(天命)이 내렸는데, 석가모니불(釋迦牟尼佛)께서 천명(天命)을 받들고 원불자(原佛子)들을 제도하시었다.

　목전(目前)에 삼회(三會)의 연강겁(延康劫)이 가까와오는데, 현현상인(玄玄上人)께서 오랜동안 눈물을 흘리시는 것은, 육만여년(六萬餘年)의 양기(陽氣)가 모두 소진(消盡)하여 황태원자(皇胎原子)가 동림(東林)에서 고통 받는 것을 차마 볼수 없어 요궁(瑤宮)에서 <십자(十字)>의 천명(天命)을 내려 미륵보살(彌勒菩薩)이 보도를 일으키도록 하였는데, 모든 불(佛)·보살(菩薩)들이 도와가며 구십이억(九十二億)을 제도하여 회궁(回宮)케 하려고 모든 선(仙)들도 범부 경계에 내려와 회동(會同)하고, 만령(萬靈)의 진재(眞宰)들도 화신(化身)을 나타내었다.

　나는 본래 서방(西方)의 불과(佛果)를 증득(證得)하였는데, 처음 부처님 천명(天命)을 받들고 동림(東林)을 지나다, 양무제(梁武帝)를 제도하려하였으나 옥곤봉(玉棍棒) 세례를 받고 쫓겨나고, 다시 혜가(慧可)를 제도하여 조사의 도통맥을 계승케 하였다. 이제 종횡(宗橫)을 만나 종정(宗正)으로 이름을 고쳐서, 서방에서 온 묘의(妙意)를 자세히 밝혀 지시하였으니, 나의 단전(單傳)을 받고 명령을 따를 것이며 그전과 같이 마음을 어지럽히는 도(道)를 배우지 말라.

　천기(天機)를 품안에 안았으니, 모름지기 근신(謹愼)할 것이며,

자항법선(慈航法船)을 잘 운전하여 원인(原人)을 끌어올릴 때에 충효(忠孝)한 사람, 절의(節義)있는 자를 인도하여 바른 길로 돌아가게하고, 불자(佛子)·불손(佛孫)이 되게하라. 머지않아서 일화(一花)에 오엽(五葉)이 뻗어나가다 소진되면, 천문만호(千門萬戶)의 가짜가 어지럽게 나타나 진짜와 섞어져 혼란이 일어날 것이다. 천지가 위치를 정하고 만령(萬靈)도 곧아서 보도(普渡)는 단원(團圓)을 이루게 되고 도과(道果)는 자연 맺히리라.

최후의 용화말겁회(龍華末劫會)는 두우궁(斗牛宮)안에서 뿌리가 생기는 것을 찾을 수 있으리니 연분(緣分)이 있는 자는 나를 따라 나갈 것이나, 인연(因緣)이 없는 자는 홍진(紅塵)에 떨어질 것이다. 우매한 자는 행하기 어렵기 때문에 내가 말할 필요 없겠으나, 아는 자는 항상 유리등(琉璃燈)을 바라보 듯 하리라.

처음 일규(一竅)를 지켜 정정(定靜)을 알고, 육신(六神)을 거둬들여 중정(中庭)에 이르고, 이러한 축기련기(築基煉己) 순서로 나아가야, 바야흐로 약(藥)을 채취하고 단(丹)을 끌어 올리고, 화로를 옮기고 솥을 바꿔야 할 때를 알아서 그치게 되고, 문화(文火)·무화(武火)·노눈(老嫩)을 나누고, 목욕(沐浴) 온양(溫養)의 주천(周天)을 정(定)하여, 스물네시간을 멈춤이 없고, 소주(小週)를 단련하여 대주(大週)에 이르니, 삼십육궁(三十六宮)에 모두 봄이 돌아오고, 일체 만경계(萬境界)가 고요해지며 본성이 원만히 밝아지고, 아무 생각도 일어나지 않는 가운데 대단(大丹)이 이루어질 것이다. 젖 먹인지 삼년만에 영아(嬰兒)가 부드러지고, 면벽(面壁) 구년(九年)만에 날라서 올라간다.

주천(週天)에 관한 이치를 모두 말하였으니, 오직 바라건대, 복음(福音)을 알고 공과(功果)가 순정(純正)되면, 언젠가는 단서(丹書)로 청(請)하는 조칙(詔勅)이 내려, 영산회상(靈山會上)에 가서 모친(母親)을 배알하고, 구품련대(九品蓮台)의 등급에 따라 상(賞)을 받게되면, 그 덕화(德化)로 역대의 모든 현조(玄祖)들까지도 초승(超昇)하리라. 구륙원자(九六原子)들이 일제히 요궁(瑤宮)으로 나아가니, 용화삼회(龍華三會)에서 품승(品乘)이 정해지는데, 상품(上品)·중품(中品)·하품(下品)의 공(功)이 결정되어 공과(功果)가 원만하면 연대(蓮台)에 앉히고 하늘과 같이하는 수명을 뜯어고칠 수 없고, 소요자재(逍遙自在)하는 쾌락(快樂) 영원하리라. 설령 공(功)이 없더라도 정법(正法)에 귀의하면, 연강겁(延康劫)에 떨어지지 않고, 본래 타고난 정근(正根)도 잃지 않을 것이다.

이 한권의 법어(法語)가 만품(萬品)을 포라(包羅)하고, 유불선(儒佛仙) 삼교(三敎)도 다같이 불이문(不二門)에 돌아오도다. 말(言)로서 대도(大道)의 진성리(眞性理)를 파헤치니, 구구절절(句句節節)마다 사무쳐 열어주고 조근(祖根)을 들어내 주었다. 지금 이때 말겁중생(末劫衆生)이 잡아야할 대파병(大把柄·손잡이)을 노조(老祖)의 자비로 들어내 복음(福音)으로 후세에 전해 주었다. 이 글이 있는 곳은 천지신명이 보호해 줄 것이나, 만일 더럽히면 그 죄가 가볍지 않으리라. 누구든지 이 글을 보고 항상 공경하면 재앙이 없어지고, 만복이 집안에 깃들리라. 힘 닿는대로 힘써 행하고 공(功)을 더하여 나간다면, 영원히 보리(菩提)를 증득(證得)하고 만만년(萬萬年)을 누리리라.

게송(偈頌)에 이르기를,
『달』(達)하여 도(道)에 사무치고, 경(經)을 관통한 진전(眞詮),
『마』하아제(磨訶揭諦)로 세간(世間)을 제도하리라.
『보』전(寶傳)의 비밀장(秘密藏)은 일화(一花)와 오엽(五葉)으

로 뻗어나가고

『권』(卷)에 담겨있는 문장은 삼천(三千) 대천(大千)을 감싸는 도다.

　　서방(西方) 불조(佛祖)께서 묘경(妙經)을 전하시니
　　화엄해회(華嚴海會) 먼 곳에서 모두 다 들으시는도다.
　　두병(斗柄)이 남쪽을 가리키고 육양(六陽)이 다되니
　　직녀(織女)가 서쪽에서 만나고 만령(萬靈)이 모두 흥겨워하네.
　　옛 고향 형제들에게 정정(定靜)을 찾으라고 보급(普及) 하여주시니
　　배를 건네줄 뱃사공도 원(願)을 마친 심정이로다.
　　생사윤회(生死輪廻)를 일제히 내던져 버리고 다하니
　　영산극락(靈山極樂) 이 영원히 기울지 않으리라.

달마보전(達摩寶傳) 끝

·부록·

1. 도전현관(道傳玄關)

도문(道門)에서 단전독수(單傳獨守)로 전(傳)하는 현관(玄關)은 이러하다.

天道非時不洩·非天命不傳·非有德者不載·儒修成聖·道修成仙·
천도비시불설 비천명불전 비유덕자불재 유수성성 도수성선

釋修成佛·
석수성불·

현(玄)   —   幽遠微妙深寂也
                     유원미묘심적야

관(關)   —   通也卽通天地玄妙竅也
                     통야즉통천지현묘규야

玄關一竅人之樞紐·性靈居存之穴
현관일규인지추뉴 성령거존지혈

    현관(玄關) 일규(一竅)는 사람의 추축이요, 성령(性靈)의 거존혈(居存穴)이다.

人自受孕・七日一陽來腹・先有此竅・故修行家・離此卽是外法
인자수잉 칠일일양래복 선유차규 고수행가 리차즉시외법

　　사람이 수태(受胎)함으로부터 칠일만에 일양(一陽)이 래복(來腹)하여 제일 먼저 이 구멍(一竅)이 생기므로, 수행가(修行家)가 이 규(竅)를 떠나면 곧 외법(外法)을 행(行)하는 것이다.

名爲神氣穴・又名方寸地・又名生死門
명위신기혈 우명방촌지 우명생사문

　　이 규(竅)를 신기혈(神氣穴)이라 하고 방촌지(方寸地)라고도 하며 생사문(生死門)이라고도 한다.

呂祖詩曰・生我之門死我戶・幾個醒醒幾個悟・夜半鐵漢自思量
려조시왈 생아지문사아호 기개성성기개오 야반철한자사량

　　여조시(呂祖詩)에 이르기를 생아지문(生我之門)이요 사아호(死我戶)라 하였는데 몇이나 깨우치고 알았는가! 밤길을 헤매는 이들아 잠을 깨고 스스로 헤아려보라.

長生不死由人做・佛敎稱爲不二法門正法眼藏・道敎名黃庭玄牝
장생불사유인주・불교칭위불이법문정법안장 도교명황정현빈
之門・儒曰 窮身知化道義之門
지문 유왈 궁신지화도의지문

　　장생불사(長生不死)하는것도 사람으로 인하여 되는 것으로, 불교(佛敎)에서는 불이법문(不二法門)・정법안장(正法眼藏)이라하고, 도교(道敎)에서는 황정(黃庭)・현빈지문(玄牝之門)이라하며, 유가(儒家)에서는 궁신지화(窮身知化)・도의지문(道義之門)이라 한다.

易曰君子黃中通理・正位居體・又名知止所・大學云知止而後有
역왈군자황중통리　정위거체　우명지지소　대학운지지이후유
定・乃人身大中之地也
정　내인신대중지지야

　　주역(周易)에는, 군자황중통리(君子黃中通理)・정위거체(正位居體), 또는 지지소(知止所)라 하였다. 대학(大學)에 말하기를 지지이후(知止而後)에 유정(有定)이라 하였으니 곧 인신(人身)이 대중(大中)이 된다.

天有斗柄天之中・地有須彌地之中・人有玄關人之中・
천유두병천지중　지유수미지지중　인유현관인지중

　　하늘에는 두병(斗柄)이 있는데 하늘의 중앙(中央)이요, 땅에는 수미산(須彌山)이 있으니 땅의 중앙(中央)이요, 사람에게는 현관(玄關)이 있으니 사람의 중앙(中央)이다.

帝堯傳舜・允執厥中・
제요전순　윤집궐중

　　요(堯) 임금이 순(舜)에게 전한 것이 윤집궐중(允執厥中)이다.

子思著書體之・有中庸二字・得其指示者・名曰得道
자사저서체지　유중용이자　득기지시자　명왈득도

　　자사(子思)는 저서(著書)에 체(體)하여 중용(中庸) 두 자를 내세우고, 그 지시(指示)를 얻는 자는 득도(得道)한 것이라 하였다.

論語有朝聞道夕死之讚 · 子貢有性與天道不得聞之憂
론어유조문도석사지찬　자공유성여천도불득문지우

　　논어에는 아침에 도(道)를 들으면 저녁에 죽어도 좋다는 찬(讚)이 있고, 자공(子貢)은 성(性)과 천도(天道)는 얻어듣지 못하였다고 걱정하였다.

梅仙降訓云　道是路理是法　千經萬卷證明他　翰墨文章滿天下
매선강훈운　도시로리시법　천경만권증명타　한묵문장만천하
竝無一人知道法 · 經論綱史人人讀 · 只少一指路便差
병무일인지도법　경론강사인인독　지소일지로편차

　　매선(梅仙)이 강훈(降訓)하여 말하기를 도(道)는 길이요, 이(理)는 법(法)이다. 이를 천경만권(千經萬卷)이 증명(證明)한다. 글을 잘 아는 문장가는 천하에 가득하나 도법(道法)을 아는 사람은 한사람도 없다. 경장(經藏)과 논장(論藏)과 강사(綱史)를 찬하는 사람은 많으나 다만 일지(一指)의 노선(路線)이 없으면 문득 큰 차(差)가 생긴다고 하였다.

二祖慧可拜見達摩後 · 有詩曰不知到底一歸何 · 是以慧可拜達摩
이조혜가배견달마후　유시왈불지도저일귀하　시이혜가배달마

　　2조혜가(二祖慧可)가 달마(達摩)를 배견(拜見)한 후 시(詩)하여 말하기를, 도저히 일(一)이 어디로 돌아가는지를 알지 못하였으므로 혜가(慧可)가 달마(達摩)를 배알(拜謁)했다.

立雪少林爲何事・只求一指躱閻羅
립설소림위하사 지구일지타염라

　　눈내리는 날 소림사(少林寺)에서 무엇 때문에 왼팔을 잘라 바쳤던가. 다만 일지점(一指點)을 구하여 염라국을 피할려고 했던 것이다.

此竅在陰陽上說名太極窩・在八卦爲離宮九紫・在五行爲中央正位
차규재음양상설명태극와 재팔괘위리궁구자 재오행위중앙정위

　　이 한구멍 규(竅)를 음양(陰陽)으로 말할 때는 태극와(太極窩)라하고 팔괘(八卦)에서는 이궁구자(離宮九紫)라하며 오행(五行)에서는 중앙정위(中央正位)라 한다.

子思言中也者・天下之大本・
자사언중야자 천하지대본

　　자사(子思)는 중(中)은 천하(天下)의 대본(大本)이라고 말하였다.

又言君子而時中・均與此相連相證・
우언군자이시중 균여차상련상증

　　또 말하기를 군자(君子)는 시중(時中)이라 하였다. 모두가 이와같이 서로 관련되어 서로 증명된다.

自古千仙萬佛・孰非由此而成・是以希望同人・於此大大的注意・
자고천선만불 숙비유차이성 시이희망동인 어차대대적주의

　　예로부터 천선만불(千仙萬佛)이 이 한구멍 규(竅)로 인하여 성취되지 않은 이가 없다. 바라건데 이 현관규(玄關竅)에 큰 주의를 기우리라.

유왈(儒曰) 공자(孔子) – 생아지문사아호(生我之門死我戶) 생사문호(生死門戶)·명덕(明德)·일혈(一穴)·중용(中庸)·학이(學而)·점심(點心)·천명지성(天命之性)·준덕(峻德)·도심(道心)·지지소(知止所)·고시(顧諟)·솔성(率性) 천지명명(天之明命)·성(聖)·중(中)·지선지(至善地)·소위(素位)·거역(居易)·일관(一貫)·황중통리(黃中通裡)·

※ ┌ 명덕(明德)은 천명(天命)의 성(性)을 말하고
   │ 명명덕(明明德)은 솔성(率性)의 도(道)를 말하고
   └ 신민(親民)은 수도(修道)의 교(敎)를 말한다

불왈(佛曰) 석가(釋迦) – 금강심(金剛心)·반야(般若)·사리자(舍利子)·심전(心田)·인(海印)·칠보탑(七寶塔)·자재보살(自在菩薩)·본래면목(本來面目)·영산(靈山)·정법안장(正法眼藏)·불생불멸(不生不滅)·불극락(佛極樂)·삼먁삼보리(三藐三菩提)·무봉쇄(無縫鎖)·불(佛)·서방정토(西方淨土)·지혜안(智慧眼)·서천(西天)·여래(如來)·여시(如是)·심원(心源)·성해(性海)·법(法)·무영산(無影山)·공(空)·심즉불불즉심(心卽佛 佛卽心)·

※원시경 – 너의 마음을 등불로 삼을 것이요, 다른 것을 등불로 삼지 말라. 등(燈)을 보는 자는 부처를 보는 자니라.

도왈(道曰) 노자(老子) – 현관규(玄關竅)·십자대가(十字大街)·방촌보전(方寸寶田)·현곡(玄谷)·오행산(五行山)·본성(本性)·주인(主人)·천지혈(天地穴)·중묘지문(衆妙之門)·허무지곡(虛無之谷)·자오규(子午竅)·신기혈(神氣穴)·영관(靈關)·금단(金丹)·신명지사(神明之舍)·저개(這個)·무극중(無極中)·현소(玄所)·곡신불사(谷神不死)·현빈지문(玄牝之門)·선(仙)

※
  ┌ 곡신(谷神)은 불사(不死)라
  │ 이것을 현빈(玄牝)이라 한다.
  │ 현빈(玄牝)의 문(門)
  │ 이것을 천지(天地)의 근(根)이라 한다.
  │ 면면(綿綿)히 우리 체내(體內)를 흘러
  └ 아무리 써도 마르는 법(法)이 없다.

야왈(耶曰) 예수(耶穌) – 십자가(十字架)·소상제(小上帝)·천주(天主)·영혼(靈魂)·주(主)·독생자(獨生子)·영생(永生)·상제(上帝)·영상(靈爽)·삼계십방(三界十方)

회왈(回曰) 마호메트 (穆罕默德) – 청진(淸眞)·귀진(歸眞)·진주(眞主)·만령진제(萬靈眞帝)

　　　　┌ **철학(哲學)** － 진아(眞我)·자아(自我)·무아
　　　　│　　　　　　　　(無我)·초월적아(超越的我)·
　　　　│　　　　　　　　영구적아(永久的我)·무궁(無窮)
　　　　│　　　　　　　　·이성(理性)
※　　　├ **과학(科學)** － 일원(一元) 일원론(一元論)·정
　　　　│　　　　　　　　신영소(精神靈素)·유자(幽子)
　　　　│　　　　　　　　영혼입자(靈魂粒子)
　　　　└ **결운(訣云)** － 십승지지(十勝之地)·을을궁궁
　　　　　　　　　　　　　(乙乙弓弓)·이재전전(利在田田)

구인종어양백지간
求人鍾於兩白之間

규종구어삼품
竅鍾求於三品

목생지도물위목
目生之道勿爲目

재유득차규이성성
在儒得此竅而成聖

재석득차규이성불
在釋得此竅而成佛

재도득차규이성선
在道得此竅而成仙

※ 若見本性 十二部經總是閒文字 千經萬論只是明心 言下契會 敎長
　약견본성 십이부경총시한문자 천경만론지시명심 언하계회 교장

何用　實不是道　道本無言　言說是妄
하용　실불시도　도본무언　언설시망

　만일, 본성(本性)을 보면 십이부경(十二部經)이 다 부질없는 문자이다. 천경만론(千經萬論)이 다만, 이 마음을 밝힌 것이니, 법(法)을 가르친 말을 곧 이해한다면 경전(經典)을 어디에 쓰겠는가?
　지극한 이치는 말이 끊어진 것이요, 경전은 말뿐이지 실은 도(道)가 아니다.
　도(道)는 본래(本來)가 말이 없는 것이니 말은 바로 망령인 것이다.

2. 오교성인성리심법(五敎聖人性理心法)

回敎회교 默德목덕 穆罕마트호	基督敎기독교 耶穌예수	仙敎선교 老子노자	佛敎불교 釋迦석가	儒敎유교 孔子공자	敎別
親仁친인	博愛박애	感應감응	慈悲자비	忠恕충서	宗旨
淸眞返一청진반일 堅心定性견심정성	默禱親一묵도친일 洗心移性세심이성	抱元守一포원수일 修心煉性수심연성	萬法歸一만법귀일 明心見性명심견성	執中貫一집중관일 存心養性존심양성	理則
三元一本(阿拉古回)삼원일본(아라고회) 五功―念禮齋課朝오공―염례재과조	三位一體(聖父聖子聖靈)삼위일체(성부성자성령) 五精―信望愛活臨오정―신망애활림	三淸(玉淸太淸上淸)삼청(옥청태청상청) 五行―金木水火土오행―금목수화토	三歸(佛法僧)삼귀(불법승) 五戒―殺盜淫妄酒오계―살도음망주	三綱(君臣父子夫婦)삼강(군신부자부부) 五常―仁義禮智信오상―인의예지신	修性觀
回回之功課회회지공과 崇―之功숭―지공	聖靈之充滿성령지충만 充―之工夫충―지공부	道敎之工夫도교지공부 用―之工夫용―지공부	佛敎之歸戒불교지귀계 守―之歸계	儒敎之禮義유교지예의 行―之禮義행―지예의	修性法
慕祖朝中모조조중 淸眞無慾청진무욕	默然不動心묵연부동심 博愛不遷박애불천	爲腹不爲於吾위복불위어오 淸靜皆爲於吾청정개위어오	一塵不染일진불염 知性明覺지성명각	四非皆空無物사비개공무물 有若無實若虛유약무실약허	各敎有云

191

3. 오교합일론(五敎合一論)

五行五戒與五常 오행오계여오상	敎本於道一妙竅 교본어도일묘규
合而大同歸本源 합이대동귀본원	一而貫之見性宗 일이관지견성종
儒之忠恕釋慈悲 유지충서석자비	道之感應耶博愛 도지감응야박애
回之親仁與淸眞 회지친인여청진	性觀之非有別門 성관지비유별문
執中守中煉中一 집중수중련중일	歸一貫一返一宗 귀일관일반일종
存心明心修心一 존심명심수심일	堅心洗心亦歸一 견심세심역귀일
養性見性煉性一 양성견성련성일	移性定性豈非一 이성정성기비일
一花五葉分東西 일화오엽분동서	迷人不知執其蒂 미인부지집기체
蒂是玄玄一妙竅 체시현현일묘규	一竅乃是萬性宗 일규내시만성종
一竅通則竅竅通 일규통즉규규통	竅中妙意細追求 규중묘의세추구

(4) 삼교합일(三教合一)의 원리(原理)

| 道　　教　　　　　　　 | 佛　　教 | 儒　　教 |
도　　교	불　　교	유　　교
仙　眞人　道士　道姑 선　진인　도사　도고	佛　菩薩　和尚　尼姑 불　보살　화상　니고	聖人　賢人　善男　信女 성인　현인　선남　신녀
感應 감응	慈悲 자비	忠恕 충서
道家工夫 도가공부	佛門規戒 불문규계	儒門禮儀 유문례의
修心煉性 수심련성	明心見性 명심견성	存心養性 존심양성
抱元守一 포원수일	萬法歸一 만법귀일	執中貫一 집중관일
天堂 천당	極樂 극락	聖域 성역
玉淸·(神) 옥청　　신 上淸·(氣) 상청　　기 太淸·(精) 태청　　정	歸依佛·(神) 귀의불　　신 歸依法·(氣) 귀의법　　기 歸依僧·(精) 귀의승　　정	君綱·(神) 군강　　신 父綱·(氣) 부강　　기 夫綱·(精) 부강　　정

道　　教	佛　　教	儒　　教
도　　교	불　　교	유　　교
金木水火土 금목수화토	殺盜淫妄酒 살도음망주	仁義禮智信 인의례지신
玄敎 현교	釋敎 석교	聖敎 성교
玄牝之門 현빈지문	不二法門 불이법문	道義之門 도의지문
靈關 영관	靈山 영산	靈台 영대
觀心 관심	觀自在菩薩 관자재보살	顧諟天之明命 고시천지명명
淸靜 청정	戒定慧 계정혜	定靜安廬 정정안려
歸根復命 귀근복명	亦復如是 역부여시	克己復禮 극기복례
無爲而化 무위이화	無爲而法有差別 무위이법유차별	無爲而成 무위이성
煉性養命 연성양명	盡性聽命 진성청명	養性立命 양성립명
大羅之仙 대라지선	大覺之佛 대각지불	大成之聖 대성지성
無窮之理 무궁지리	拈花印證 점화인증	一以貫之 일이관지
三品一理 삼품일리	一圓相 일원상	一合理相 일합리상

道　　教 도　　교	佛　　教 불　　교	儒　　教 유　　교
金丹 금단	舍利子 사리자	天命之性 천명지성
有無 유무	色空 색공	顯微 현미
虛無 허무	寂滅 적멸	無聲無臭 무성무취
瑤池金母 요지금모	西方佛母 서방불모	維皇上帝 유황상제
靑陽 청양	紅陽 홍양	白陽 백양
文熟武煉 문숙무련	掃三心飛四相 소삼심비사상	切磨琢磨 절마탁마
淡泊養心 담박양심	指性作佛 지성작불	政敎兩兼 정교양겸
煉心 연심	明心 명심	正心 정심
道心 도심	佛心 불심	良心 양심
煉金丹 연금단	浩舍利 호사리	養浩然 양호연
天仙 천선	如來佛 여래불	聖賢 성현
出世法 출세법	渡世法 도세법	入世法 입세법

道　　教	佛　　教	儒　　教
도　　교	불　　교	유　　교
出世歸根 출세귀근	空相見佛 공상견불	入世爲人 입세위인
玄牝之門 현빈지문	靈山塔 영산탑	至善地 지선지
返回無極 반회무극	滅除雜慾 멸제잡욕	天理純全 천리순전
保養虛靈 보양허령	返觀靜寂 반관정적	私慾淸淨 사욕청정
運周天 운주천	轉法輪 전법륜	至誠能化 지성능화
谷神不死 곡신불사	正法眼藏 정법안장	窮身知化 궁신지화
淸靜皆歸 청정개귀	一塵不染 일진불염	四非皆空 사비개공
於吾 어오	於物 어물	無物 무물
道敎救世 도교구세	佛敎渡世 불교도세	儒敎治世 유교치세
白藕蓮葉紅蓮花 백우련엽홍연화 三敎原來是一家 삼교원래시일가 三大聖人發聖理 삼대성인발성리 得了竅妙回老家 득료규묘회로가		

□ 編者 : 소진거사(小眞居士) 김재호(金在昊)

· 忠南靑陽七甲山下에서 태어남.
· 1966년 6월 18일 家親逝世 이후 諸妄利海의 元和와 保生을 즐기며 주로 儒佛仙 三敎와 예수교·회회교 등에 관하여 공부하면서 道門功課經·修圓寶鑑·大道演義·滅義經·法滅盡經·彌勒古佛經·談眞錄·玉樞寶經·七眞修道史傳·命性顚倒經·抗訴理由書·圖像 道德經을 펴냈다.

우리말로 엮은 달마보전(達摩寶傳)

初版發行 : 1997年 丁丑(陰) 6月 15日
     (蓮花藏世界 發行)
再版發行 : 西紀 2017年 丁酉(陰) 6月 初6日

著　者 : 오 진 자(悟 眞 子) 원지과(苑至果)
編譯者 : 소진거사(小眞居士) 김재호(金在昊)

發行人 :　김재호(金在昊)
發行處 :　圖書出版 Baikaltai House
    ㉾ 07272
    서울 영등포구 선유로 107(양평동 1가)
    電話 : (02)2671-2306, (02)2635-2880
    Fax : (02)2635-2889
登錄番號 : 166-96-00448
登　錄　日 : 2017.3.13
定　　　價 : 15,000원

ISBN 979-11-960712-9-5